寝《ね》る前《まえ》 あたまがよくなる！ なぞなぞ 366日《にち》

篠原 菊紀 監修

西東社

あたまをきたえる3つのポイント

1 この本《ほん》のなぞなぞはあたまをバランスよくきたえる！

この本《ほん》のなぞなぞをとくと、ひらめき力《りょく》やそうぞう力《りょく》、考《かんが》える力《ちから》などをバランスよくきたえることができるよ。
もんだいのしゅるいごとにアイコンをつけているよ。
ぜんぶで４しゅるいあるので見《み》てみよう。

ひらめき……ひらめき力《りょく》が上《あ》がるもんだいだよ。

やわらか……あたまをやわらかくするもんだいだよ。

すいり………しっかり考《かんが》える力《ちから》がつくもんだいだよ。

チャレンジ…いろいろな力《ちから》を合《あ》わせてつかう、
すこしむずかしいもんだいだよ。

この本《ほん》にはなぞなぞのほかにもめいろやえさがしなど
あたまをつかうたのしいもんだいもたくさん入《はい》っているよ！

2 寝《ね》る前《まえ》にとくと、こうかアップ！

ひらめきもんだいをといてから寝《ね》ると、
ひらめき力《りょく》が上《あ》がるという研究《けんきゅう》があるよ。
1日《にち》5分《ふん》でいいのでまいにち続《つづ》けていこう。
根気《こんき》やしゅうちゅう力《りょく》もついてくるよ！

3 だんだんむずかしくなるもんだい！

ステージがすすむと出《で》てくるもんだいもだんだんむずかしくなってくるよ。むずかしいもんだいにもどんどんちょうせんしよう！あたまがじっくりきたえられていくよ。

この本《ほん》のあそび方《かた》

1 もんだいをといてダイヤをあつめよう！

まいにちもんだいをといていこう。
1日分《にちぶん》のもんだいをとくとダイヤがもらえるよ。
あつめたダイヤは、ずのうメーターにたまっていくよ。
メーターがたまると、レベルアップステージに
ちょうせんできるよ。

メーターがたまるよ。

もらえるダイヤだよ。ミニステージでは2つ、チャレンジ問《もん》題《だい》では3つももらえるよ。

2 ミニステージ・レベルアップステージをクリアしよう！

ミニステージ・レベルアップステージのもんだいをとくと、
カードがもらえるよ。1つのステージにはミニステージが
2回《かい》出《で》てくるよ。この3枚《まい》のカードを合《あ》わせると
アイテムがゲットできるよ。このアイテムを7つあつめてね。

もくじ

あそぶときのちゅうい

★毎日《まいにち》つづけるようにしよう。
でも、できないときはむりをしなくてもいいよ。

★わからないときは、ヒントを出《だ》してもらおう。
それでもわからないときはこたえをおしえてもらってね。
すこしずつとけるようにしていけばだいじょうぶ。

おにいちゃん…どうしたの？
しゅくだいがあるんだけどやりたくないよ
もういっつもそう！
でもべんきょうってつまらないし…
ピンポーン♪
こんな時間《じかん》にだれかな？
なんだろ…
あやしい…
天地無用
おにいちゃんあけてみて…
ボン!!
わ!?
やあ！きみたちにおねがいがあるんだ！
しゃべった？

じつは…
みんななかよく くらしていた なぞなぞ国《こく》に ある日《ひ》アレンという 見《み》知《し》らぬ男《おとこ》が やってきた。
アレンと王《おう》さまは なぞなぞで しょうぶをし、
王《おう》さまはまけ、 国《くに》もうばわれて しまったんだ…
かわいそう…
アレンに かつために 力《ちから》をかして ほしいんだ
どうやって？
ぼくといっしょに なぞなぞのたびに出《で》て ひつような 7つのアイテムをゲットしてほしい この7つをあつめた なぞなぞの たつじんだけが アレンと たたかえるんだ！

でも…べんきょうきらいだしできるかな…
エヘ…
だいじょうぶ!
なぞなぞはたのしいよ!しかもなぞなぞをとけばあたまがよくなるんだ
ホント?!
おにいちゃん行《い》ってみようよ!
うん!
よし、きまり!ちょっと目《め》をつぶって
ピカーーッ
!?
いいよ、目《め》をあけて
わあ!
ではさばくへしゅっぱーつ!
ひゃ〜〜!!
ビューーーン!

1日目《にちめ》

やわらか

1

きいろい体《からだ》に
ちゃいろのぼうしを
かぶった
おいしいお山《やま》って
なーんだ？

2

まっかな顔《かお》をして
ふたりで手《て》を
つないでいるよ。
これなーんだ？

2日目《にちめ》 ひらめき

1

かばんの中《なか》に
かくれている
どうぶつって
なーんだ？

2

買《か》いものかごに
いつも入《はい》っている
やさいって
なーんだ？

3日目《にちめ》
やわらか

1

体《からだ》は細《ほそ》くて
ほねがくろい、
頭《あたま》が三角《さんかく》のものって
なーんだ？

2

おなかがすいている
ときはうごかず、
おなかがいっぱいだと
とんでいっちゃうよ。
これなーんだ？

8ページのこたえ　1 プリン　2 さくらんぼ

4日目《にちめ》

ひらめき

1

あるのに
ないっていわれる
食《た》べものがあるよ。
これなーんだ？

2

イカはイカでも
丸《まる》くてしましまで
みどりいろ、
中《なか》があかいイカって
なーんだ？

9ページのこたえ　1 カバ（かばん）　2 いも（かいものかご）

5日目《にちめ》

やわらか

1

カニとヒトデが
たたかっているよ。
かったのは
どっちかな？

2

きいろの体《からだ》に
きみどりいろのふくをきて
ひげがはえているよ。
このやさいなーんだ？

3

トイレに行《い》けば行《い》くほど
どんどんやせちゃう
ものってなーんだ？

6日目《にちめ》

ひらめき

①

カンガルー、ペリカン、スカンク、みんながもっているものってなーんだ？

②

ペンはペンでもぽんぽんはねそうなペンってなーんだ？

7日目《にちめ》

すいり

えときなぞなぞだよ。

1

どうぶつが出《で》てきたよ。さてなーんだ？

2

わらっている食《た》べものがあるよ。これなーんだ？

12ページのこたえ

1 カニ（じゃんけんにかった） 2 とうもろこし 3 トイレットペーパー

8 日目《にちめ》

やわらか

1

頭《あたま》の上《うえ》にまっかな
小《ちい》さいぼうしをつけた
しろとくろの
のりもの、なーんだ？

2

やおやさんでいつも
オレンジいろの顔《かお》を
しているのは
なにじんかな？

13ページのこたえ 1 カン（カンガルー、ペリカン、スカンク） 2 ボールペン

9日目《にちめ》

すいり

えさがし

このえの中《なか》から4ひきのネコをさがしてね。

14ページのこたえ　1 キリン　2 ハム（ハ6）

こたえは346ページへ

15ページのこたえ 1 パトカー（パトロールカー） 2 ニンジン

10日《にち》目《め》

ひらめき

①

サイが口《くち》から
はいた
やさいって
なーんだ？

②

高《たか》いところに
目《め》がついている
生《い》きものって
なーんだ？

11日目《にちめ》

やわらか

1

晴《は》れていても
プールやおふろで
ふってくる雨《あめ》って
なーんだ？

2

歩《ある》けないけれど、
人《ひと》をのせるのはとくいな
4本足《ほんあし》のものって
なーんだ？

3

自分《じぶん》の家《いえ》を
しょっている
生《い》きものって
なーんだ？

12 日目《にちめ》

ひらめき

1

パンやさんを
みつけるのが上手《じょうず》な
どうぶつって
なーんだ？

2

うんどう会《かい》で
たくさん出《で》てくる
どんぶりって
なーんだ？

18ページのこたえ　1 ハクサイ　2 メダカ

13日目《にちめ》

やわらか

1

でこぼこの
ちゃいろい顔《かお》に
みどりいろのかみが
はえているくだもの
なーんだ？

2

ふくと丸《まる》くなって
われるときえるよ。
これなーんだ？

19ページのこたえ　1 シャワー　2 いす　3 カタツムリ

14日目《にちめ》

ひらめき

1

ハムスターが
ハムを食《た》べちゃったら
なにになるかな？

2

イヌでもないのに
ほえるものって
なーんだ？

20ページのこたえ　1 パンダ（パンだ！）　2 ヨーイドン！

15日目《にちめ》

ひらめき

21ページのこたえ　1 パイナップル　2 シャボン玉《だま》

16日目《にちめ》

ひらめき

1

きるとイヌが
ピースサインをする
ふくってなーんだ？

2

パンジーを
レンジであたためたら
出《で》てきたどうぶつって
なーんだ？

22ページのこたえ　1 スター　2 ちゃわん、おわん

17日目《にちめ》

やわらか

1

いつもはしずかなのに
朝《あさ》だけうるさい
ものってなーんだ？

2

いろいろな形《かたち》に
へんしんしながら
空《そら》にいるよ。
これなーんだ？

18日目《にちめ》

ひらめき

1

アサリの中《なか》みをとると
虫《むし》が出《で》てきたよ。
さてなーんだ？

2

1本《ぽん》でも
9本《ほん》あるという
やさいって
なーんだ？

19 日目《にちめ》

ひらめき

1

いたずらっこの下《した》に
かくれている
どうぶつって
なーんだ？

2

きはきでも
クリスマスに食《た》べる
あまーいきって
なーんだ？

3

カンはカンでも
魚《さかな》がいっぱい
およいでいる
カンってなーんだ？

24ページのこたえ　1 ワンピース　2 チンパンジー

20日目《にちめ》
チャレンジ

1

どんなによんでも
へんじをしてくれない
ものってなーんだ？

2

キリンやライオンが
出《で》てくると
おわっちゃうあそび
なーんだ？

25ページのこたえ
1 目《め》ざまし時計《とけい》　2 雲《くも》
1 アリ（アサリの「サ」をとる）　2 キュウリ（9り）

21日目《にちめ》

ひらめき

1

自分《じぶん》から出《で》かけても
すぐに家《いえ》にもどりたくなる
生《い》きものってなーんだ?

2

あるところで
ねころんだら
プーンと
へんなにおいがしたよ。
なんの上《うえ》かな?

26ページのこたえ

1 ラッコ（いたずらっこ）　2 クリスマスケーキ
3 すいぞくかん

22 日目《にちめ》

やわらか

ひっかけなぞなぞだよ。

1

朝《あさ》や昼《ひる》には
ぜったい食《た》べられない
ごはんってなーんだ？

2

どんなに
おしゃべりな人《ひと》でも
しずかになっちゃうのは
どんなときかな？

3

クリスマスに
かならずいる
どうぶつって
なーんだ？

27ページのこたえ　1 本《ほん》　2 しりとり

23日《にち》目《め》

ひらめき

1

トリはトリでも
ひもをつかんだり
ひねったりする
トリってなーんだ?

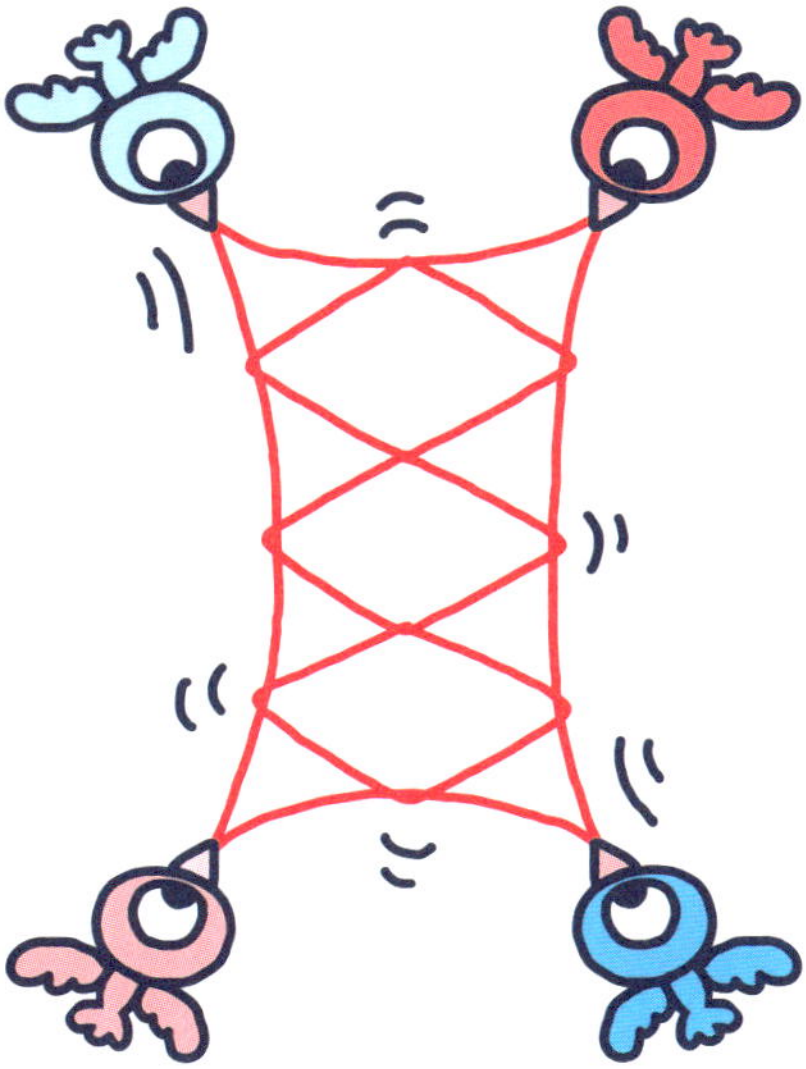

2

イモリが
いなくなったのは
どーこだ?

28ページのこたえ　1 カエル　2 草《くさ》(くさっ)

24 日目《にちめ》

ひらめき

まちがいさがし

下《した》のえから上《うえ》のえとちがうところを3こみつけてね。

こたえは346ページへ

29ページのこたえ

1 夜《よる》ごはん　2 ねているとき
3 リス（トナカイじゃないよ。クリスマス）

25日目《にちめ》

すいり

1

のみものをのむときに出《で》てくる数字《すうじ》が2つあるよ。さてなーんだ？

2

サル、イヌ、キツネ、ブタの中《なか》でマスクをしてといわれてしまうのはどーれだ？

30ページのこたえ　1 あやとり　2 森《もり》（イモリから「イ」なくなった）

26日目《にちめ》

ひらめき

1

お日《ひ》さまのまわりを
くるくる回《まわ》っている
ものってなーんだ？

2

ヒツジの
おなかをかくすと
体《からだ》のあるところになるよ。
さてなーんだ？

27日目《にちめ》

やわらか

ひっかけなぞなぞだよ。

1

朝《あさ》と夜《よる》の間《あいだ》には
なにが
あるかな？

2

アイスクリームを
れいぞうこに
入《い》れておいたのに
とけちゃったよ。
なんでかな？

28日目《にちめ》

すいり

えときなぞなぞだよ。

1

おやつに食《た》べたいものだって。さてなーんだ？

2

このぼくじょうにいるどうぶつってなーんだ？

32ページのこたえ　1 5と9（ゴクゴクのむ）　2 キツネ（コンコンいうから）

29日目《にちめ》

ひらめき

1

サイはサイでも
コロコロころがる
サイってなーんだ？

2

いるのにいないって
いわれてしまう
どうぶつって
なーんだ？

33ページのこたえ

1 ヒマワリ　2 ひじ（ヒツジの「ツ」をかくす）
1「と」の文字《もじ》　2 れいとうこに入《い》れなかったから

30日目《にちめ》

ひらめき

ミニステージ

34ページのこたえ　1 たいやき　2 うし（う4）

31日目《にちめ》

すいり

1

1から9の中《なか》に
さされたら
いたい虫《むし》がいるよ。
さてなーんだ？

2

おさとう、おしお、おみそ、
おすの中《なか》でおをとると
ちょうみりょうにならない
ものってなーんだ？

3

ツルやカエル、
お花《はな》にも
へんしんできるよ。
これなーんだ？

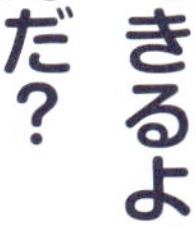

35ページのこたえ　1 サイコロ　2 イヌ

32
日《にち》目《め》
ひらめき

1

おならをするのが
すきな子《こ》が
しちゃうことって
なーんだ？

2

夜《よる》ねるときに
つかうのに
じゃまだといわれる
ものってなーんだ？

33 日《にち》目《め》

やわらか

1

いつもリビングにいる、みんなにみられて、てれちゃうものってなーんだ？

2

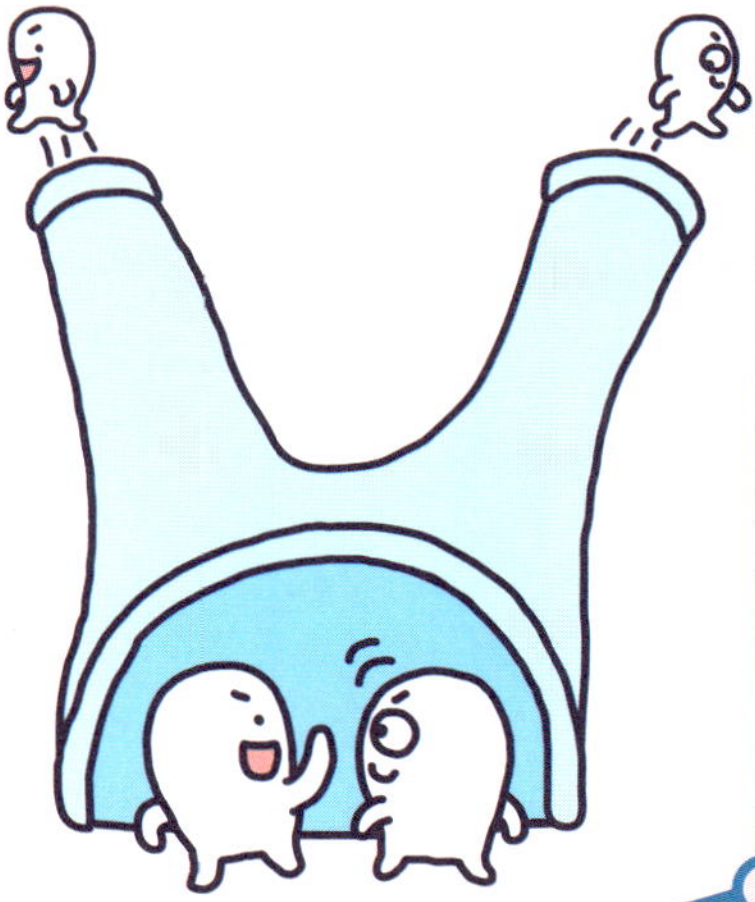

入《い》り口《ぐち》は1つ、出口《でぐち》は2つのふくってなーんだ？

37ページのこたえ 1 8（ハチ） 2 おしお（おをとると「し」） 3 おりがみ

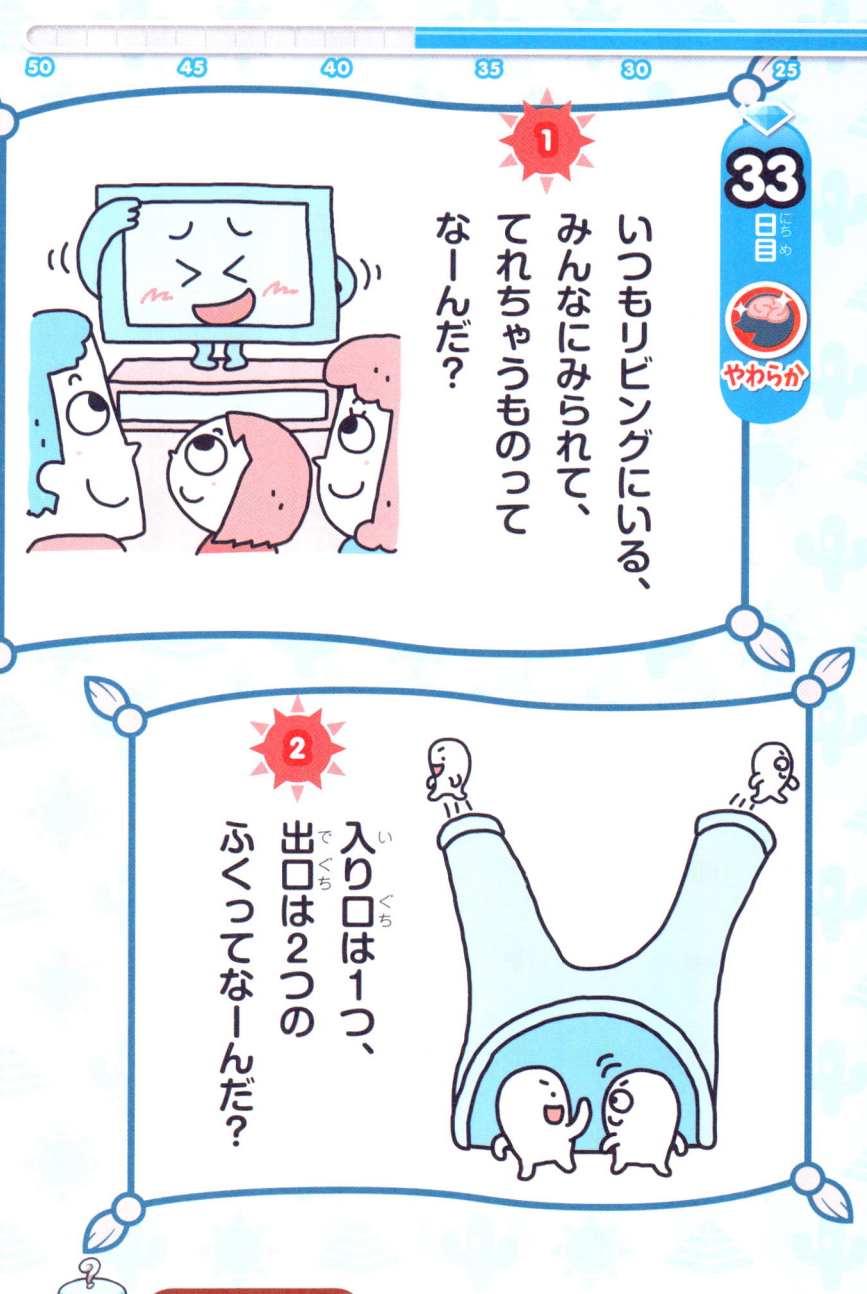

34日目《にちめ》

ひらめき

1

おちゃはおちゃでも
やおやさんに売《う》っている
おちゃって
なーんだ？

2

カイが10こあつまると
こわい生《い》きものに
へんしんしたよ。
これなーんだ？

38ページのこたえ 1 スキップ 2 パジャマ

35日目《にちめ》

すいり

1

1から9の中《なか》で
みんなが
しずかになる
数字《すうじ》ってなーんだ？

2

ガム、はな、ひもの中《なか》で
1つだけ
ちがうものって
どーれだ？

36日目《にちめ》

ひらめき

1

1本《ぽん》でも
7本《ほん》あるという
くだものって
なーんだ？

2

カンはカンでも
あつくなると音《おと》が出《で》る
カンってなーんだ？

39ページのこたえ　1 テレビ　2 ズボン

37日目《にちめ》
やわらか

1
しろはしろでも
前《まえ》からは見《み》えない
しろって
なーんだ？

2
遠足《えんそく》やうんどう会《かい》の
前《まえ》になると
まどの外《そと》にいるよ。
これだーれだ？

3
うんどう会《かい》で
前《まえ》にすすむほど
まけてしまうものって
なーんだ？

40ページのこたえ　1カボチャ　2かいじゅう

38日目《にちめ》

ひらめき

1 かさが ひっくりかえったのは どーこだ？

2 いたに タイがぶつかったよ。 タイはなんて いったかな？

41ページのこたえ
1 4（しー） 2 ひも（ほかは「かむもの」）
1 バナナ（バ7） 2 やかん

39 日目《にちめ》
すいり

えときなぞなぞだよ。

1

あるところが
はずれちゃったよ。
さてどーこだ？

2

さて
今日《きょう》のメニューは
なーんだ？

40日目《にちめ》

チャレンジ

1

ウナギに
みじかいぼうをさしたら
どうぶつにへんしんしたよ。
なにになったかな？

2

土《つち》の中《なか》にコーンを
いくつうめたら
めが出《で》るかな？

43ページのこたえ　1 さか　2 いたい

41日目《にちめ》

すいり

「ある」のことばにあって、「ない」のことばにないものってなーんだ？

1

ある	ない
サバク	しばふ
たいこ	ふえ
アジサイ	ヒマワリ
ひらめき	すいり

2

ある	ない
クロワッサン	メロンパン
ちょきんばこ	たからばこ
シロップ	ソース
ちゃわん	おわん

44ページのこたえ　1 あご（あ5）　2 シチュー（4ちゅー）

42日目《にちめ》

ひらめき

1 おならばかりしている子《こ》はなんさいかな？

2 かくれんぼのオニがもっているのは、いいカイ？わるいカイ？

43日目《にちめ》

やわらか

1 まゆげの上《うえ》にいるこってどんなこかな？

2 おなかがいっぱいになるとからっぽになっちゃうはこってなーんだ？

45ページのこたえ 1 ウサギ　2 9こ（きゅうこん）

44日目《にちめ》

ひらめき

1

パイはパイでも
レモンを食《た》べると
出《で》てくるパイって
なーんだ?

2

ブリの中《なか》に
6こ入《い》れるとできる
やさいって
なーんだ?

3

トラが
9頭《とう》のっている
ものってなーんだ?

46ページのこたえ
1 魚《さかな》の名《な》前《まえ》(サバ、タイ、アジ、ヒラメ)
2 いろ(くろ、きん、しろ、ちゃ)

45 日目《にちめ》

やわらか

レベルアップステージ

47ページのこたえ

1 9さい（くさい） 2 いいカイ（もういいかい）

1 おでこ 2 おべんとうばこ

48ページのこたえ 1すっぱい 2ブロッコリー(ブ6こり) 3トラック

これで3まいのミニアイテムカードがあつまったね
うん!
パカッ
じゃあ、3まいのミニアイテムカードをここに入《い》れて
そこあくの?!
クル
クル
クル
シュッ!!
アイテム1
いえ
お〜〜!
わ!
これで1つ目《め》の家《いえ》のアイテムゲットだ! さあ、森《もり》へすすもう!
キラキラしてる〜〜!
アイテム1
いえ
オッケー!!

ステージ2 スタート!

46日目《にちめ》

ひらめき

1

レストランの中《なか》に入《はい》っているどうぶつってなーんだ？

2

おとうさんがきらいなくだものってなーんだ？

47 日目《にちめ》

やわらか

1

三《み》つ目《め》で
車《くるま》や人《ひと》を止《と》めたり
すすめたりするよ。
これなーんだ？

2

同《おな》じえなのに
いろだけ
みんなバラバラ。
これなーんだ？

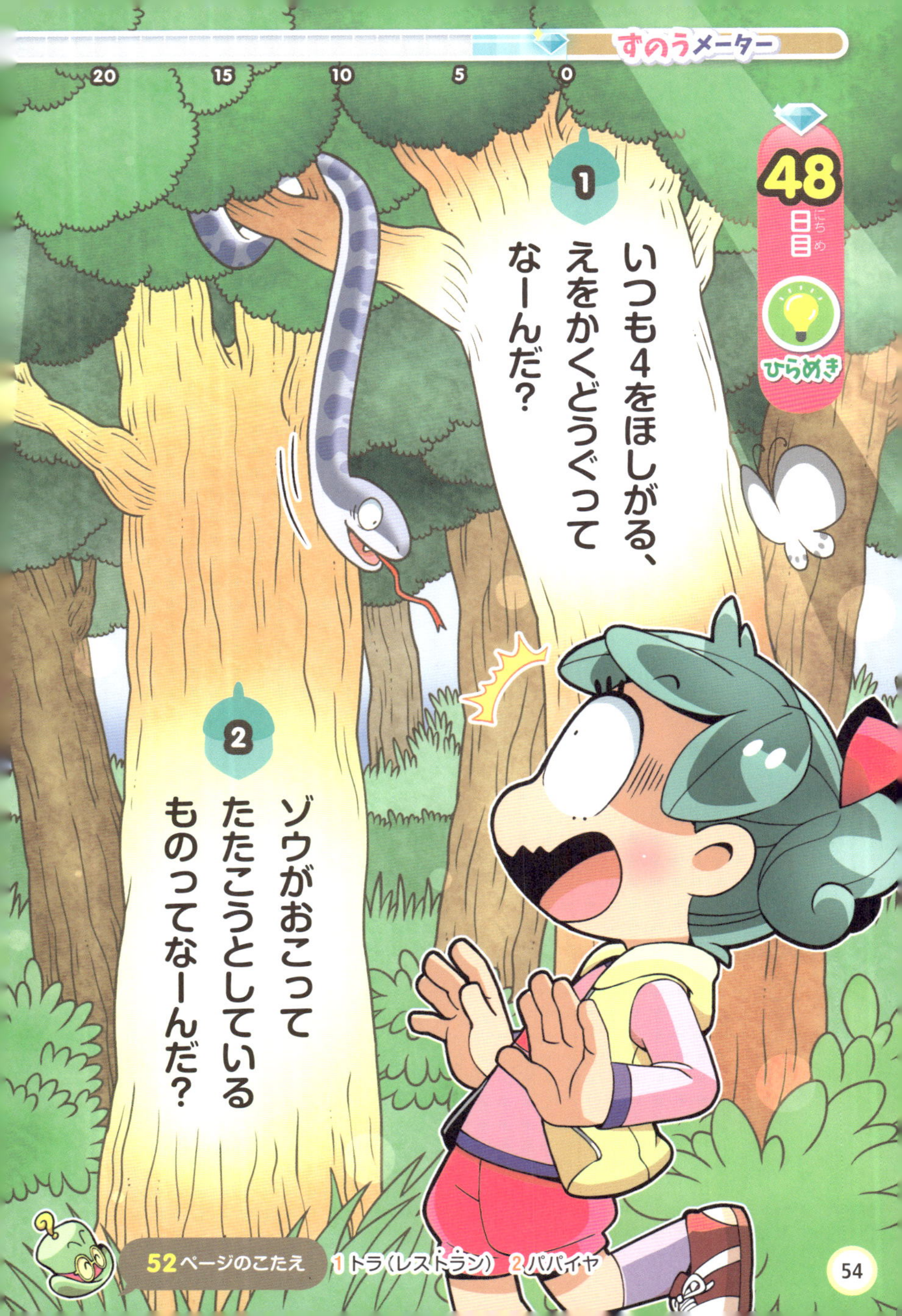

48日目《にちめ》

ひらめき

1

いつも4をほしがる、えをかくどうぐってなーんだ？

2

ゾウがおこってたたこうとしているものってなーんだ？

52ページのこたえ　1 トラ（レストラン）　2 パパイヤ

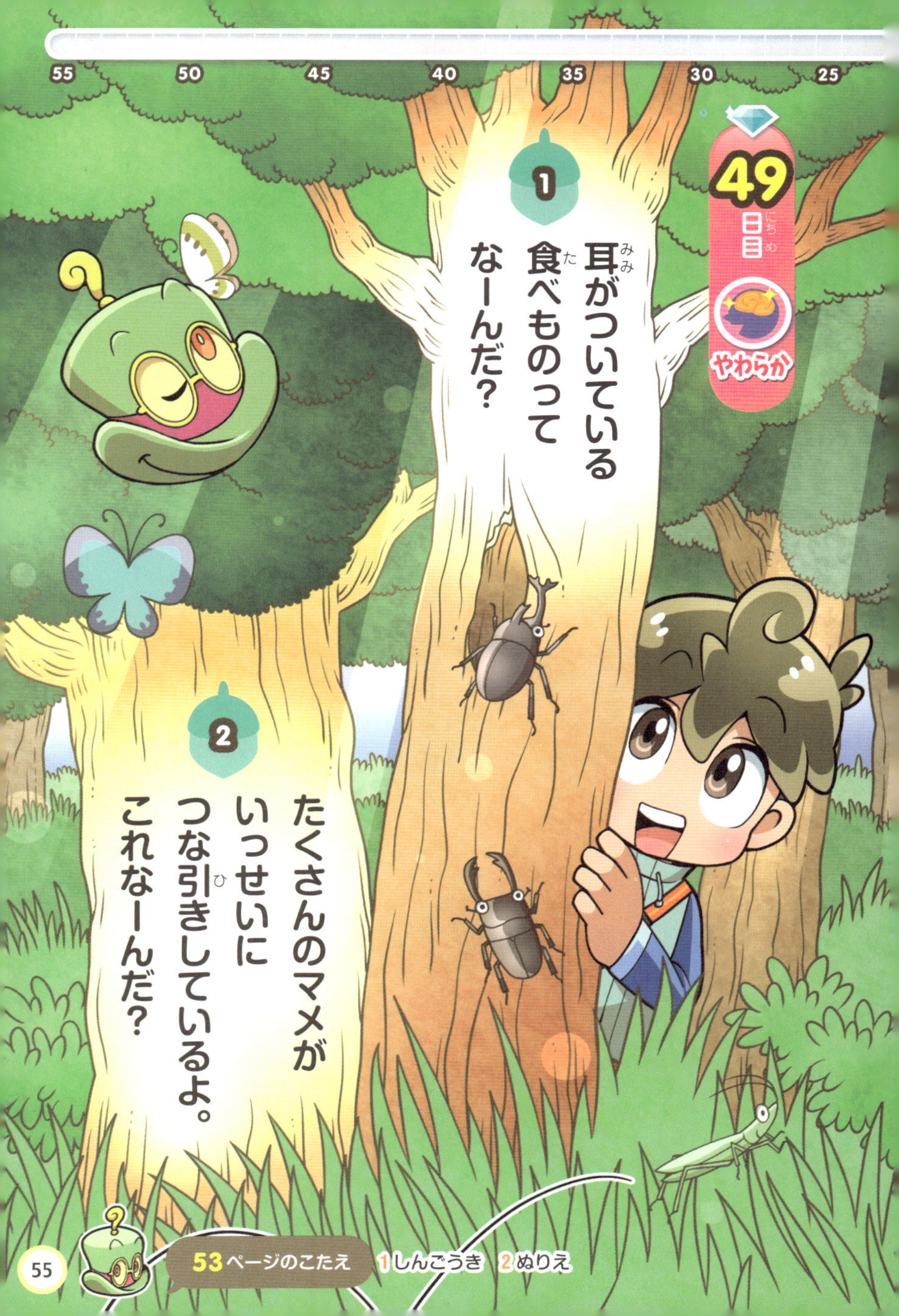

49日目《にちめ》

やわらか

1

耳《みみ》がついている
食《た》べものって
なーんだ？

2

たくさんのマメが
いっせいに
つな引《ひ》きしているよ。
これなーんだ？

53ページのこたえ　1 しんごうき　2 ぬりえ

50日目《にちめ》
ひらめき

1
ひろばにかくれた
どうぶつがいるよ。
これなーんだ？

2
小川《おがわ》のまん中《なか》に
とまっている
虫《むし》ってなーんだ？

3
いすはいすでも
きいろいふとんに
あかいもようのおいしい
いすってなーんだ？

54ページのこたえ　1 クレヨン（くれ４）　2 ぶつぞう（ぶつゾウ）

51日目《にちめ》

やわらか

ひっかけなぞなぞだよ。

1

さむい日《ひ》に
つかうとあたたかくなる
いろってなんーだ？

2

やき肉《にく》、ラーメン、
しゃぶしゃぶ、
みんながさいしょに
手《て》をつけるのは？

55ページのこたえ　1 食《しょく》パン　2 なっとう

ずのうメーター

20 15 10 5 0

52日目《にちめ》

やわらか

めいろ

と中《ちゅう》のなぞなぞをときながら
スタートからゴールまですすんでね。

スタート
肉《にく》まんの
中《なか》に入《はい》っている
どうぶつってなーんだ？

56ページのこたえ 1 ロバ（ひろば） 2 ガ（おがわ） 3 オムライス

55 50 45 40 35 30 25

チョウはチョウでも
台《だい》どころにいる
チョウってなーんだ？
ゴール！

こたえは347ページへ

57ページのこたえ 1 カイロ 2 おはし

53日目《にちめ》
ひらめき

1

ペンキのふたが
あかなくて
つかえない
いろがあったよ。
さてなにいろかな？

2

よろこんだ子《こ》いぬが
おならをしちゃうくらい
たのしい夏《なつ》のあそびって
なーんだ？

54
日目《にちめ》
すいり

1

シマウマ、パンダ、タヌキ、ウシの中《なか》で1つだけちがうものってどーれだ？

2

1から9の中《なか》にあるよこになるとおしりになる数字《すうじ》ってなーんだ？

55日目《にちめ》
ひらめき
ミニステージ

あ、シカさん！
カスタネットの中《なか》から出《で》てきた小《ちい》さいものってなーんだ？
ここにもなぞなぞがある！
カスタネット…ネット!?
ブー
えっと…
小《ちい》さいもの…あ！
わかった！タネ！
ピンポーン!!
たね
せいかーい
タネのカードをゲット！
おにいちゃんはいっ
ゆいサンキュー！
さあ、森《もり》をすすむよ！

60ページのこたえ　1 あか（あかない）　2 キャンプ

56日目《にちめ》

ひらめき

1

にわで
ひっくりかえっている
どうぶつって
なーんだ？

2

いすはいすでも
つめたくて
おいしいいすって
なーんだ？

3

イルカの
おなかをかくすと
ほかの生《い》きものに
へんしんしたよ。
さてなーんだ？

61ページのこたえ
1 タヌキ（ほかは白《しろ》と黒《くろ》） 2 3

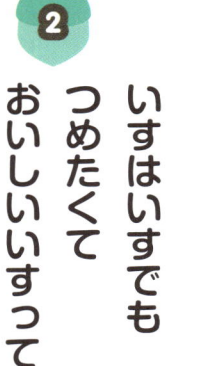

57日目《にちめ》

すいり

えときなぞなぞだよ。

1

この食《た》べものって
なーんだ？

2

このどうぶつたちは
どこで
くらしているかな？

58日目《にちめ》 ひらめき

1 「リンリンリン」と
ならしながら走《はし》る
車《くるま》ってなーんだ？

2 店《みせ》で
さか立《だ》ちしている
虫《むし》ってなーんだ？

59日目《にちめ》 すいり

1 ハムスター、フクロウ、
チンパンジーの中《なか》で
食《た》べものを
もっていないのは
どーれだ？

2 フライパンで
お肉《にく》をやくときに
出《で》てくる数字《すうじ》って
なーんだ？

63ページのこたえ 1 ワニ 2 アイス 3 イカ

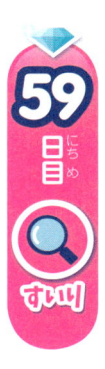

60日目《にちめ》
ひらめき

1

虫《むし》かごの中《なか》に入《はい》っているどうぶつってなーんだ？

2

サイはサイでもみんなに耳《みみ》をふさがれちゃうサイってなーんだ？

64ページのこたえ　1 ちゃわんむし　2 どうぶつ園《えん》（どうぶつ円《えん》）

61日目《にちめ》

やわらか

1

まっくろの体《からだ》に
しろとくろの
はがならんだ大《おお》きな口《くち》。
これなーんだ？

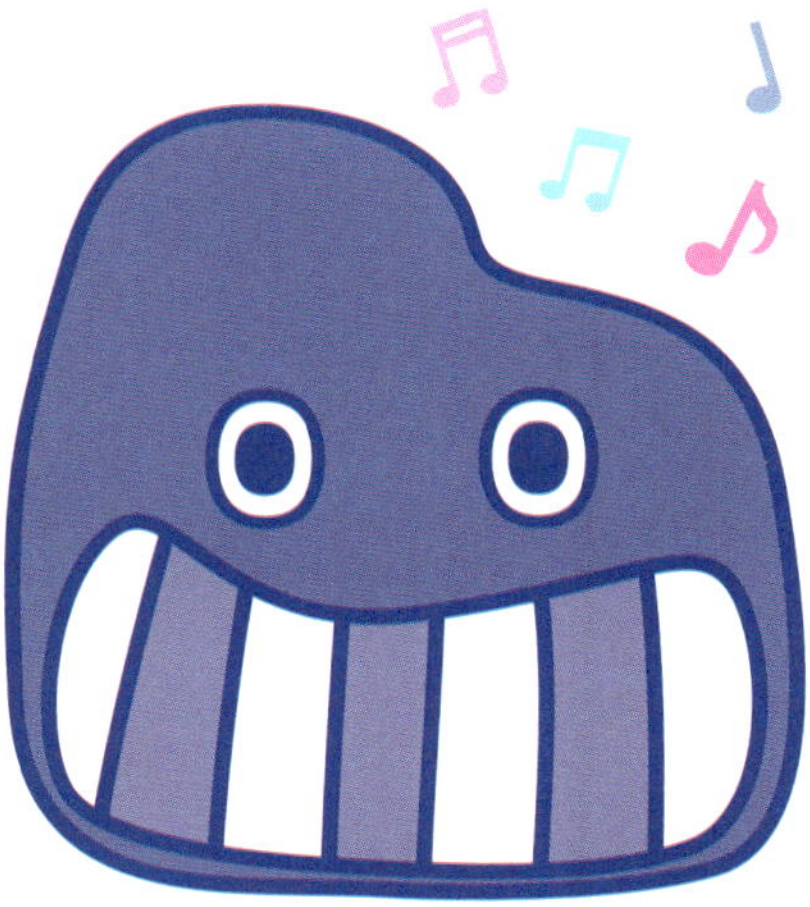

2

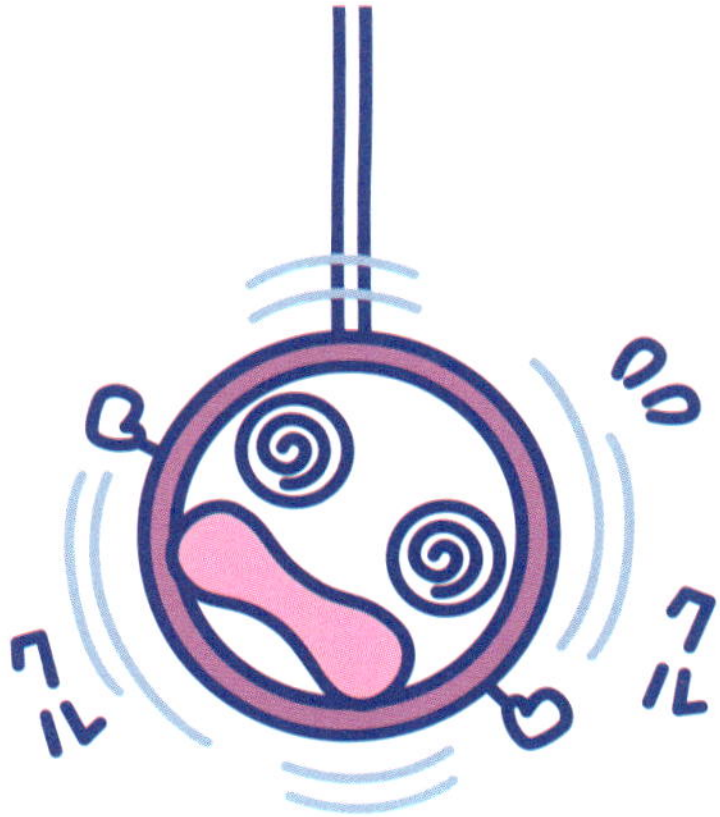

まわりながら
ひもをのぼったり
おりたりする
おもちゃってなーんだ？

65ページのこたえ

1 三《さん》りん車《しゃ》　2 セミ（みせのはんたい→せみ）
1 フクロウ（ハムスター、チンパンジー）　2　10（ジュー）

62日目《にちめ》

ひらめき

1

昼《ひる》になると
気《き》がつく
トリってなーんだ？

2

カゼをひいて
せきをしている人《ひと》が
歩《ある》けるのは
なん歩《ほ》かな？

66ページのこたえ　1 シカ（むしかご）　2 うるさい

63 日目《にちめ》

やわらか

1

あなのあいた
丸《まる》くてあまい
なつってなーんだ？

2

雨《あめ》の日《ひ》につかう、
ほねとかわしかない
ものってなーんだ？

3

夜《よる》おそくなると
口《くち》から出《で》てくる
くびってなーんだ？

67ページのこたえ　1 ピアノ　2 ヨーヨー

64日目《にちめ》
ひらめき

1

おさいふの中《なか》に入《はい》っているどうぶつってなーんだ?

2

ビルはビルでもしゃべるビルってなーんだ?

68ページのこたえ 1 アヒル（あっ昼《ひる》） 2 5歩《ほ》（ゴホッ）

65日目《にちめ》 やわらか

ひっかけなぞなぞだよ。

1

日本一《にほんいち》大《おお》きな家《いえ》と
日本一《にほんいち》小《ちい》さな家《いえ》を
たてたのは
だーれだ?

2

ボールに
ペンをさしたら
どうなったかな?

66日目《にちめ》 ひらめき

1

くつはくつでも
へやの中《なか》で
はいてもいい
くつってなーんだ?

2

「カンカンカン」と
3回音《かいおと》がなったら
出《で》てくる
くだものってなーんだ?

69ページのこたえ　1 ドーナツ　2 カサ　3 あくび

67日目《にちめ》

やわらか

1

ウマや馬車《ばしゃ》がおなじところをグルグル回《まわ》っているよ。これなーんだ？

2

とべないけれど羽《はね》があって、夏《なつ》をすずしくするものってなーんだ？

70ページのこたえ　1 サイ（おさいふ）　2 くちびる

68日目《にちめ》

チャレンジ

1

おいつめられたはん人《にん》が、なにもないところであわててかいたものってなーんだ？

メーターが3つすすむよ！

2

口《くち》の中《なか》にぼうを2本《ほん》、よこに入《い》れたらなにになったかかな？

71ページのこたえ

1 大工《だいく》さん　2 空気《くうき》がぬけた

1 くうした　2 ミカン（3カン）

69日目《にちめ》

ひらめき

えしりとり

えでしりとりをしながらスタートからゴールまですすんでね。

※ななめにはすすめないよ

こたえは346ページへ

72ページのこたえ 1 メリーゴーラウンド 2 せんぷうき

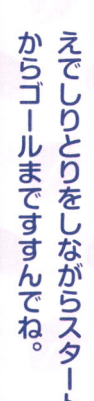

70日目《にちめ》

ひらめき

1

原《はら》っぱの中《なか》に
かくれている
がっきってなーんだ?

2

ササから
ぼうを2本《ほん》
とったらできる
数字《すうじ》ってなーんだ?

3

ひっくりかえって
プッカ、プッカと
ういている
ものってなーんだ?

73ページのこたえ　1 あせ　2 目《め》

71日目《にちめ》

すいり

えときなぞなぞだよ。

1

この岩《いわ》にかくれている魚《さかな》ってなーんだ？

2

この食《た》べものってなーんだ？

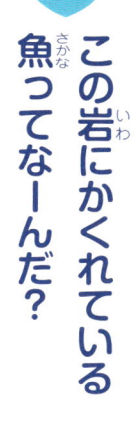

72日目《にちめ》 ひらめき

1

タイはタイでも
たたくと
ドンドン音《おと》がする
タイってなーんだ？

2

コアラが
あたまに子《こ》をのせて、
おしりをかくしながら
飲《の》んでいるものって
なーんだ？

73日目《にちめ》 やわらか

ひっかけなぞなぞだよ。

1

せかいでいちばん
長《なが》いトンネルは
どこからどこまで
つづいているかな？

2

春《はる》、夏《なつ》、秋《あき》、冬《ふゆ》、
1年《ねん》の中《なか》で
いちばん長《なが》いのは
どーれだ？

75ページのこたえ　1 らっぱ（はらっぱ）　2 7（ナナ）　3 カップ

74日目《にちめ》

すいり

えときなぞなぞだよ。

1

あかちゃんがほしがっているものってなーんだ？

2

女《おんな》の子《こ》がみているものってなーんだ？

55 50 45 40 35 30 25

75日目《にちめ》 やわらか

ミニステージ

77ページのこたえ

1 たいこ　2 ココア（ココアラ）

1 入口《いりぐち》から出口《でぐち》まで　2 1年《ねん》

76日目《にちめ》

すいり

「ある」のことばにあって、「ない」のことばにないものってなーんだ？

1

ある	ない
ライオン	オオカミ
にんげん	どうぶつ
ミカン	バナナ
こうえん	学校《がっこう》

2

ある	ない
ゴリラ	サル
シカ	ヒツジ
ワニ	サメ
かいじゅう	きょうりゅう

78ページのこたえ　1 おむつ（お６つ）　2 かがみ（「か」が「み」）

77日目《にちめ》

ひらめき

1

ベルが5回《かい》なると出《で》てくるくだものってなーんだ？

2

あたたかいタヌキってなにいろかな？

3

くつはくつでもひま～なくつってなーんだ？

78日目《にちめ》

すいり

1

ハチ、時計《とけい》、トンボ、ちゅうしゃきの中《なか》で1つだけちがうものってどーれだ?

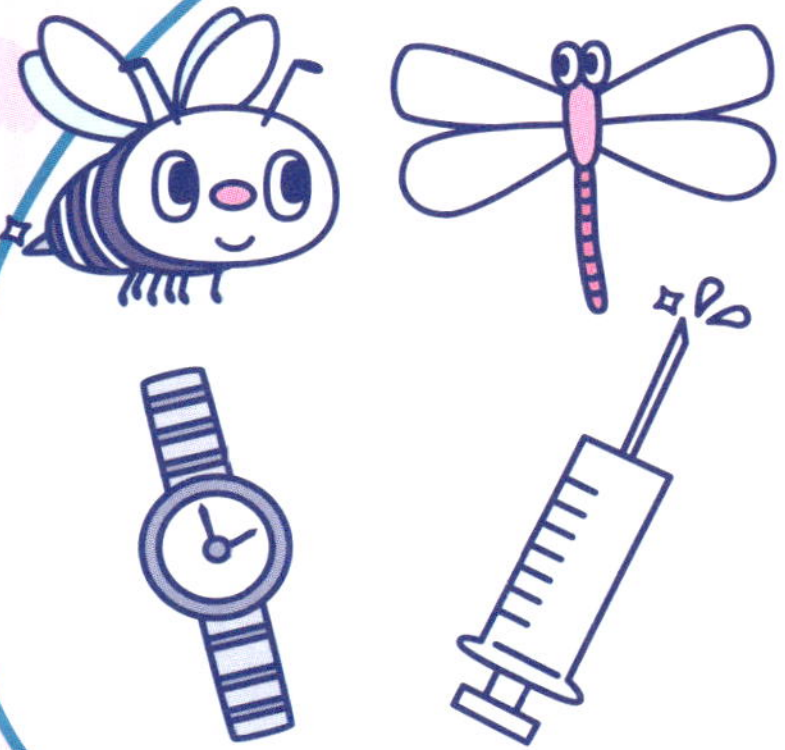

2

1から9の中《なか》にかくれているきょうだいってだーれだ?

79日目《にちめ》

ひらめき

1

タイはタイでも
おとうさんの首《くび》に
ぶら下《さ》がっている
タイってなーんだ?

2

キャベツのはをとっても
なにもないけど、
ハクサイのはをとると
するにおいってなーんだ?

81ページのこたえ
1 リンゴ　2 あかい(「あたたかい」のタぬき)
3 たいくつ

80日《にち》目《め》

やわらか

1

歩《ある》くとあとを
つけてくる
ものってなーんだ？

2

自分《じぶん》が大《おお》きくなるほど
小《ちい》さくなるものって
なーんだ？

82ページのこたえ　1 トンボ（ほかははりがある）　2 にいさん（2、3）

81 日目《にちめ》 ひらめき

1 どんなてぶくろにも ついてくる いろってなーんだ？

2 クリはクリでも ケーキにのっている あまいクリって なーんだ？

82 日目《にちめ》 すいり

1 コアラ、ラッコ、コウモリ、こぐまの中《なか》で こどもがいないのは どーれだ？

2 さかさまにすると 3つへっちゃう 数字《すうじ》ってなーんだ？

83ページのこたえ 1 ネクタイ 2 くさい（ハクサイから「は」をとる）

83日目《にちめ》
ひらめき

1

クリはクリでも
おどろいたときに
出《で》てくるクリって
なーんだ？

2

しょっぱい
けものって
なーんだ？

3

もちはもちでも
つくといたい
もちってなーんだ？

84ページのこたえ　1かげ　2ふく、くつ

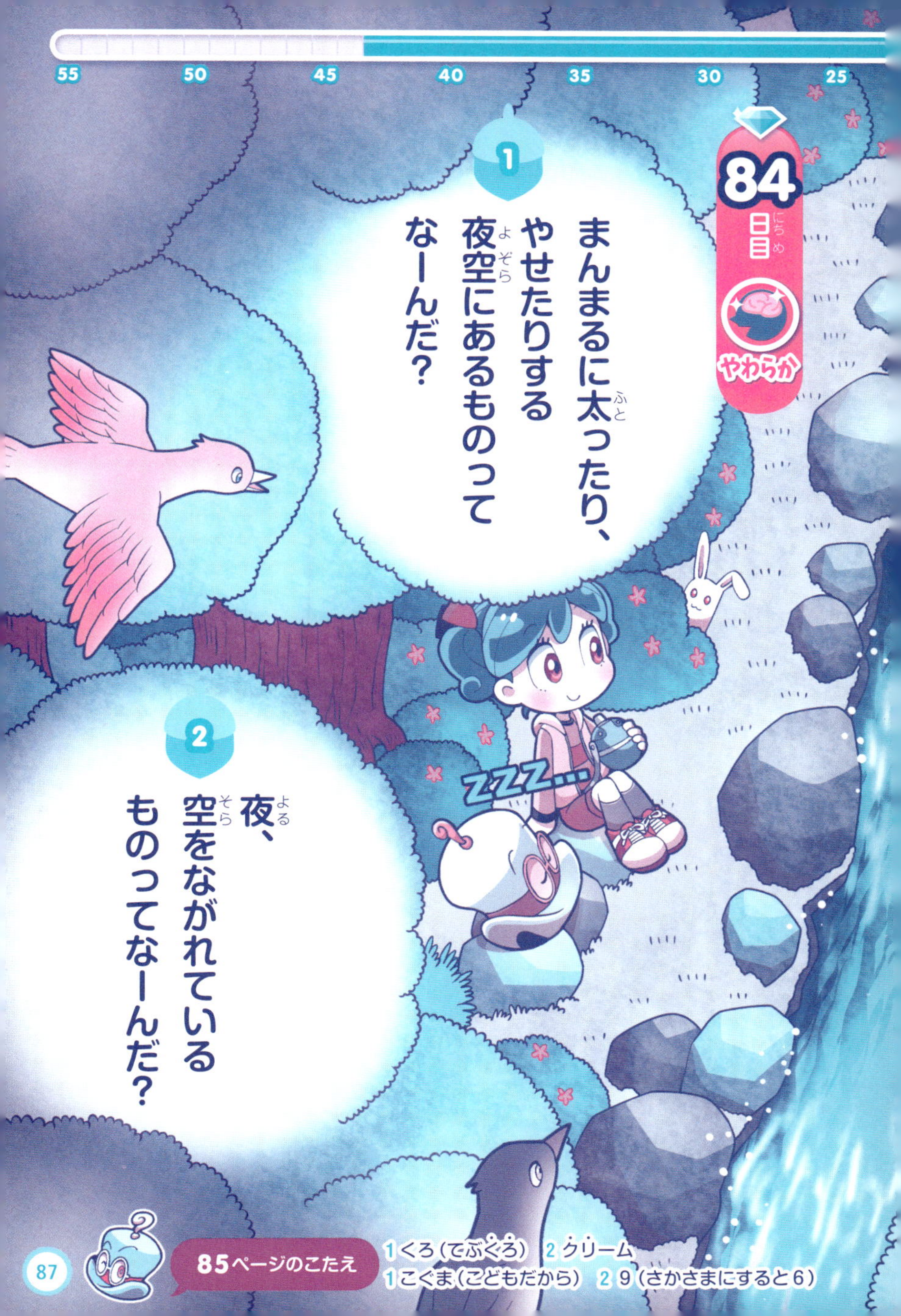

84日目《にちめ》

やわらか

1

まんまるに太《ふと》ったり、
やせたりする
夜空《よぞら》にあるものって
なーんだ？

2

夜《よる》、
空《そら》をながれている
ものってなーんだ？

85ページのこたえ
1 くろ（てぶくろ） 2 クリーム
1 こぐま（こどもだから） 2 9（さかさまにすると6）

85 日目《にちめ》

ひらめき

1

朝《あさ》になると
ライオンみたいに
ほえちゃう
花《はな》ってなーんだ？

2

サイはサイでも
帰《かえ》ってきた人《ひと》を
むかえるときに出《で》てくる
サイってなーんだ？

86日目《にちめ》

すいり

えさがし

このえの中《なか》から3本《ぼん》のきのこをさがしてね。

こたえは347ページへ

87ページのこたえ　1 月《つき》　2 ながれ星《ぼし》

87日目《にちめ》
やわらか

1

年《ねん》に1回《かい》、大人《おとな》から子《こ》どもにおとす玉《たま》ってなーんだ？

2

だれでも1年《ねん》に1つはとれるけど、2つはとれないものってなーんだ？

88ページのこたえ　1 アサガオ　2 おかえりなさい

88 日目《にちめ》

ひらめき

1

もちはもちでも
おもいものを
もち上《あ》げる
もちってなーんだ？

2

シイタケのしたを
かくしたら
あるものが出《で》てきたよ。
なにかな？

89 日目《にちめ》

やわらか

ひっかけなぞなぞだよ。

1

目《め》をあけて
カガミの前《まえ》に立《た》っても
自分《じぶん》がみえなかったよ。
なんでかな？

2

きのうも
今日《きょう》もあったのに
明日《あした》にはないものって
なーんだ？

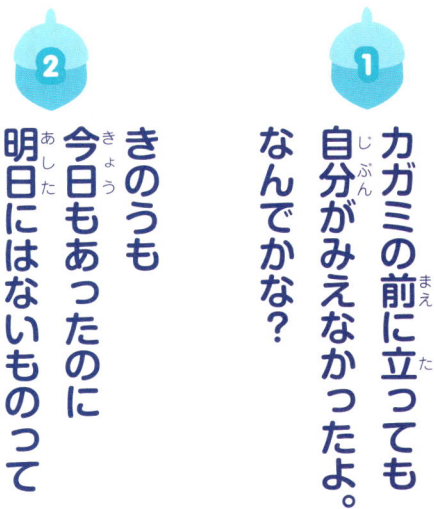

90日目《にちめ》
ひらめき

1
ちょうだいといっても
ぜったいにくれない
車《くるま》ってなーんだ？

2
きらいな人《ひと》がいない
冬《ふゆ》のスポーツって
なーんだ？

3
くすりや、
ぶんぼうぐや、本《ほん》や、
行《い》くとつい
わらっちゃうのは
どーこだ？

91 日目《にちめ》
チャレンジ

1

人《ひと》が
よこにぼうをかかえると
どうなるかな？

2

みんなが
引《ひ》っぱろうとする
のりものって
なーんだ？

91ページのこたえ
1 力《ちから》もち　2 いけ（シイタケ）
1 うしろむきに立《た》ったから　2「き」と「う」の字《じ》

92日目《にちめ》
ひらめき

1

コインをならべかえると出《で》てくる鳥《とり》ってなーんだ？

2

おもちゃの中《なか》に入《はい》っている食《た》べものってなーんだ？

92ページのこたえ　1 クレーン車《しゃ》　2 スキー　3 くすりや（くすりっ）

93 日目《にちめ》

すいり

上《うえ》のことばはどっちのグループに入《はい》るかな？

1 まつり

A	B
やさい	肉《にく》
ミカン	イチゴ
休《やす》み	学校《がっこう》

2 あせ

A	B
けしゴム	えんぴつ
あくび	いびき
せいざ	あぐら

93ページのこたえ　1 大《おお》きくなる（人＋一で「大」）　2 ひこうき

94日目《にちめ》

ひらめき

1

エスカレーターのまん中《なか》においてある食《た》べものってなーんだ？

2

きはきでも音《おと》の出《で》るきってなーんだ？

3

いつまでもいてほしいのにさっていってしまうどうぶつってなーんだ？

95日目《にちめ》 ひらめき

レベルアップステージ

95ページのこたえ 1 A（Aは、頭《あたま》に夏《なつ》がつく） 2 B（Bは、かくもの）

96ページのこたえ　1カレー（エスカレーター）　2がっき　3サル（去《さ》る）

これで3まいのミニアイテムカードがあつまったよ
たね
じょうろ
とち
わく
わく
つぎはなにがでるのかなー
ジャーーン!!
アイテム2
はたけ
はたけだって！
よし、これで2まいゲットだ！
つぎはちがう森《もり》…
キャッ
キャッ
ジャングルへ！
え〜!?ジャングル!!
ステージ3 スタート！

96日目《にちめ》

ひらめき

1

ムシはムシでも
すぐにないちゃう
ムシってなーんだ？

2

空《そら》にある
もりってなーんだ？

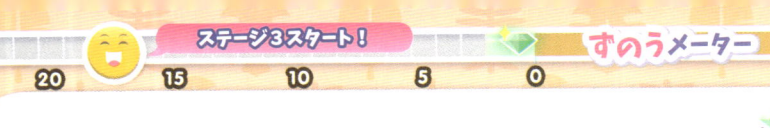

97

日目《にちめ》

やわらか

1

遠足《えんそく》で
みんながもっていく
中《なか》がくさいものって
なーんだ？

2

1日《にち》1回《かい》は
海《うみ》にしずんでしまう
ものってなーんだ？

98日目《にちめ》
ひらめき

1
水《すい》とうの中《なか》から出《で》てきたものってなーんだ？

2
カイはカイでもとても大《おお》きいカイってなーんだ？

99日目《にちめ》
すいり

1

1～10歩《ぽ》のうち、
てんきのいい日《ひ》に
外《そと》を歩《ある》きたくなるのは
なん歩《ぽ》かな？

2

ぼうし、ふく、
くつの中《なか》で
きれるのはどーれだ？

101ページのこたえ 1リュックサック 2たいよう

1

かぞくの中《なか》で
いつも通《とお》せんぼを
している人《ひと》って
だーれだ？

2

ゆびの中《なか》で
いつも少《すこ》し
わらっている
ゆびってなーんだ？

3

お金《かね》を見《み》ると
おどろく魚《さかな》って
なーんだ？

102ページのこたえ　1 いと（すいとう）　2 でかい

101日目《にちめ》

やわらか

ひっかけなぞなぞだよ。

1

たんじょう日《び》ケーキは
1年《ねん》になん回《かい》
食《た》べられるかな？

2

おせんべいは2まい。
チョコレートは
なんまい？

103ページのこたえ　1 3歩《ぽ》（さんぽ）　2 ふく（ぼうし→かぶる、くつ→はく）

まちがいさがし

102日目《にちめ》

ひらめき

104ページのこたえ 1 おとうさん（通《とお》さん） 2 くすりゆび 3 金魚《きんぎょ》（金《きん》ギョッ）

左《ひだり》のえから、右《みぎ》のえとちがうところを
4こみつけてね。

こたえは348ページへ

105ページのこたえ　1 何回《なんかい》でも（ほかの人《ひと》のたんじょう日《び》ケーキを食《た》べればいいから）　2 あまい

103日目《にちめ》

すいり

1

本《ほん》、ノート、日記《にっき》、ハガキの中《なか》で1つだけちがうものはどーれだ？

2

ごはんを食《た》べないいぬはなんひきいる？

104 日目《にちめ》

ひらめき

1

ハトをのばすと
どんな形《かたち》に
なるかな？

2

シカはシカでも
海《うみ》にいる
シカってなーんだ？

3

ナスを
さかさまにおいたら
食《た》べられなく
なったよ。
なにになったかな？

105日目《にちめ》
すいり
ミニステージ

108ページのこたえ
1 ノート（ほかは頭《あたま》に「絵《え》」がつく）
2 9ひき（9ワン＝くわん）

106日目《にちめ》

ひらめき

1

パイはパイでも
うまくできた人《ひと》が
食《た》べられない
パイってなーんだ？

2

うしろに
かくれている
いろって
なにいろかな？

109ページのこたえ　1 ハート　2 アシカ　3 すな

107日目《にちめ》

すいり

えときなぞなぞだよ。

1

ありが
れいをしているよ。
なんていってるかな？

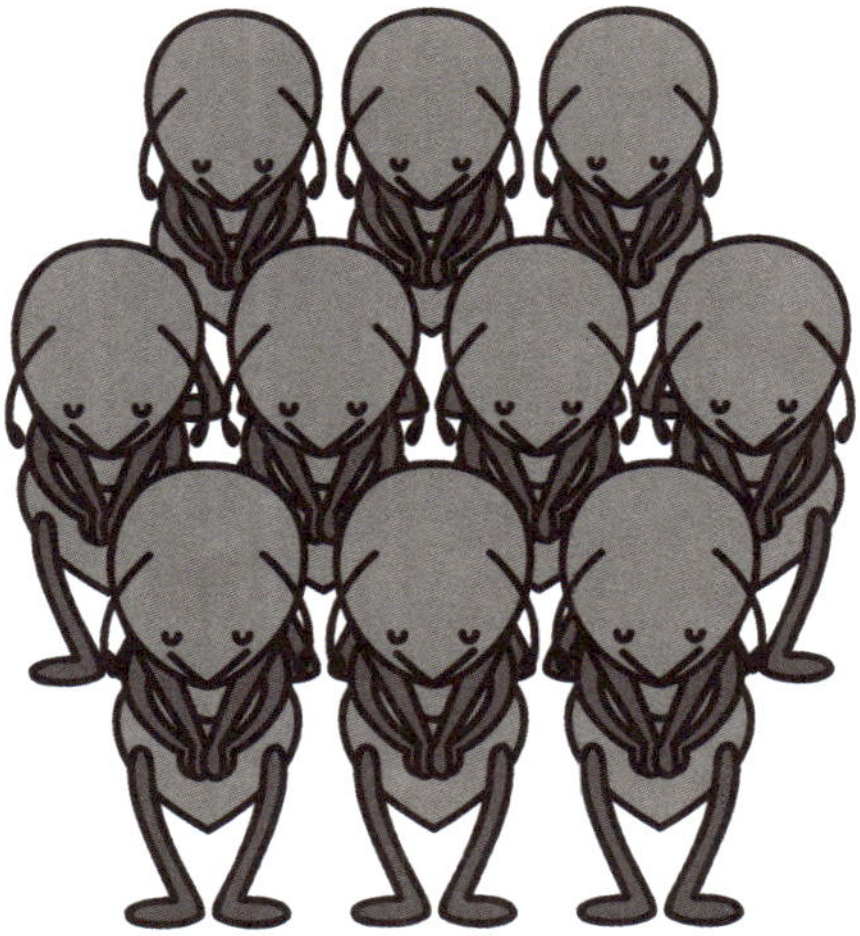

2

このスポーツって
なーんだ？

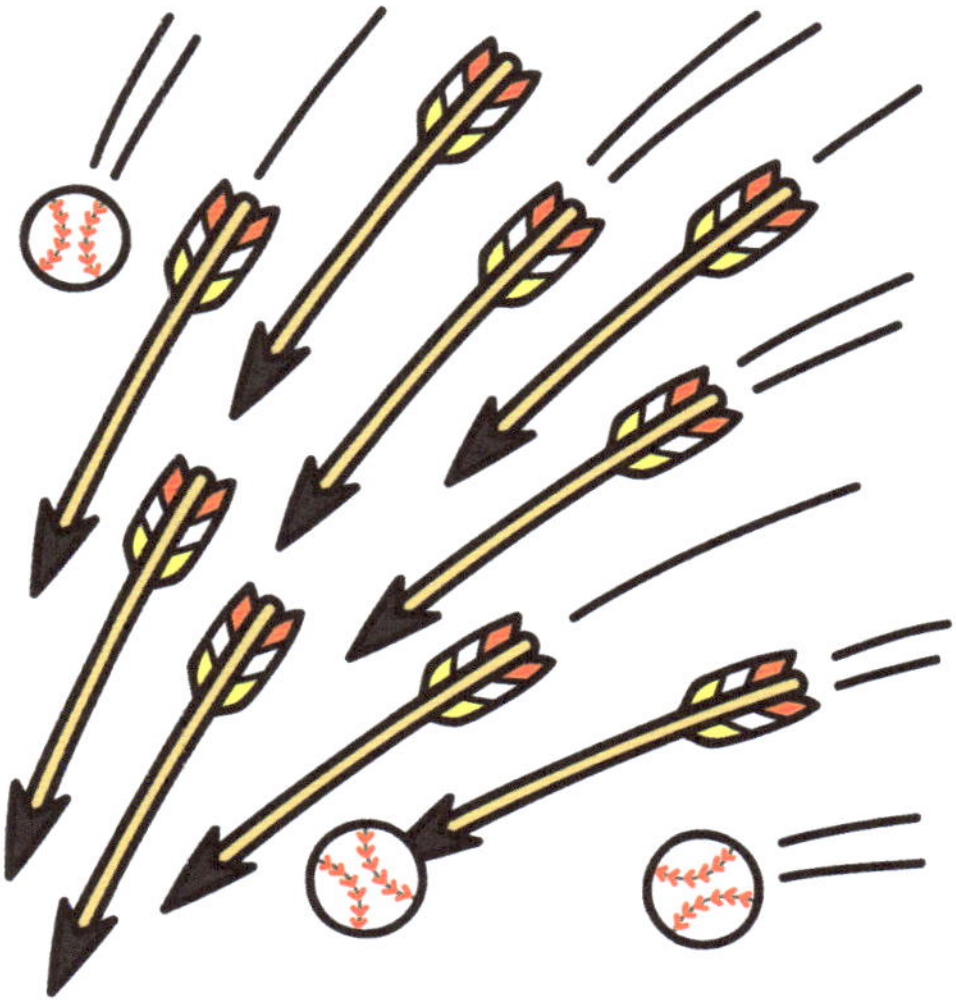

108 日目《にちめ》

やわらか

1

ねているときにしか
かけないものって
なーんだ？

2

1かいはゴミすて場《ば》、
2かいは
木《き》をけずる工場《こうじょう》、
これなーんだ？

109 日目《にちめ》

ひらめき

1

朝《あさ》、昼《ひる》、夜《よる》の
ごはんって
なんじかな？

2

くろいわっかを
3つくっつけた
パンってなーんだ？

111ページのこたえ 1 しっぱい 2 しろ（うしろ）

110日目《にちめ》
やわらか

ひっかけなぞなぞだよ。

1

50キロの石と
50キロのわた、
おもいのはどっち？

2

しんぶんしを
さかさまにしたら
どうなるかな？

111日目《にちめ》

ひらめき

1

石《いし》、木《き》、てつ、
いちばんあぶないのは
どれでできたケンかな？

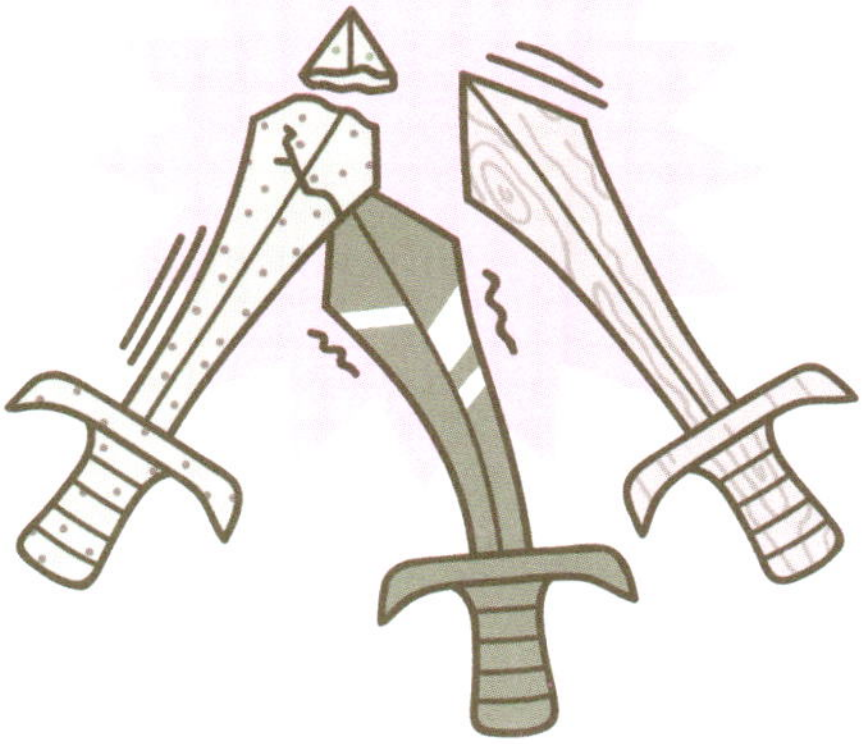

2

キツネが大《おお》きな声《こえ》で
なくと
へんしんする
やさいってなーんだ？

113ページのこたえ
1 いびき　2 えんぴつけずり
1 しょくじ　2 クロワッサン

112日目《にちめ》

やわらか

1

こおりにはできるけど、
水《みず》やおゆには
できないことって
なーんだ？

2

すすんでもおくれても
止《と》まっても
みんながこまる
ものってなーんだ？

3

森《もり》の中《なか》に
かさをさしたこが
いっぱいいるよ。
これなーんだ？

114ページのこたえ　1 どちらも同《おな》じ　2 読《よ》みづらくなる

113日目《にちめ》

チャレンジ

1

A《エー》がたの人《ひと》が
えがおになると
なにになるかな？

えがお

メーターが3つすすむよ！

2

うちゅうのはしに
あるものって
なーんだ？

うちゅう

115ページのこたえ　1 木《き》（木《き》ケン＝キケン）　2 ダイコン（大《だい》コン）

114日目《にちめ》

ひらめき

1

クマはクマでも
いちばんわるい
クマってなーんだ？

2

おまつりで
8ぴきのタイを
売《う》っているところって
どーこだ？

116ページのこたえ　1 食《た》べること（ほかはのむもの）　2 時計《とけい》　3 キノコ

115日目《にちめ》

すいり

1 サイダー、コーラ、ソーダ。1つだけおこっているのはどーれだ？

2 クリのみをいちどにのみこんだよ。いくつのみこんだかな？

116日目《にちめ》

やわらか

1 やおやさんで売《う》っているもんってなーんだ？

2 朝《あさ》おきたら、みんながいちばんにあけるふたってなーんだ？

117ページのこたえ 1 O《オー》がた（「え」が「お」になる） 2「う」の字《じ》

117 日目《にちめ》

ひらめき

1

サイの頭《あたま》にのると
お花《はな》にへんしんする
さかなって
なーんだ？

2

うどんをだきしめると
出《で》てくる食《た》べものって
なーんだ？

118日目《にちめ》

やわらか

めいろ

と中《ちゅう》のなぞなぞをときながら
スタートからゴールまですすんでね。

こたえは347ページへ

119ページのこたえ
1 コーラ（こらっ） 2 5つ（ゴクリ）
1 レモン 2 まぶた

119日目《にちめ》 ひらめき

1

きょうそうでは
いつも
9番《ばん》になっちゃう
くだものって
なーんだ?

2

はくと気《き》分《ぶん》が
スカッとする
ふくってなーんだ?

3

1年《ねん》に1回《かい》、
たなが
たおれてきそうな
日《ひ》ってなーんだ?

120日目《にちめ》

すいり

えときなぞなぞだよ。

1

お月見《つきみ》になにをそなえたかな？

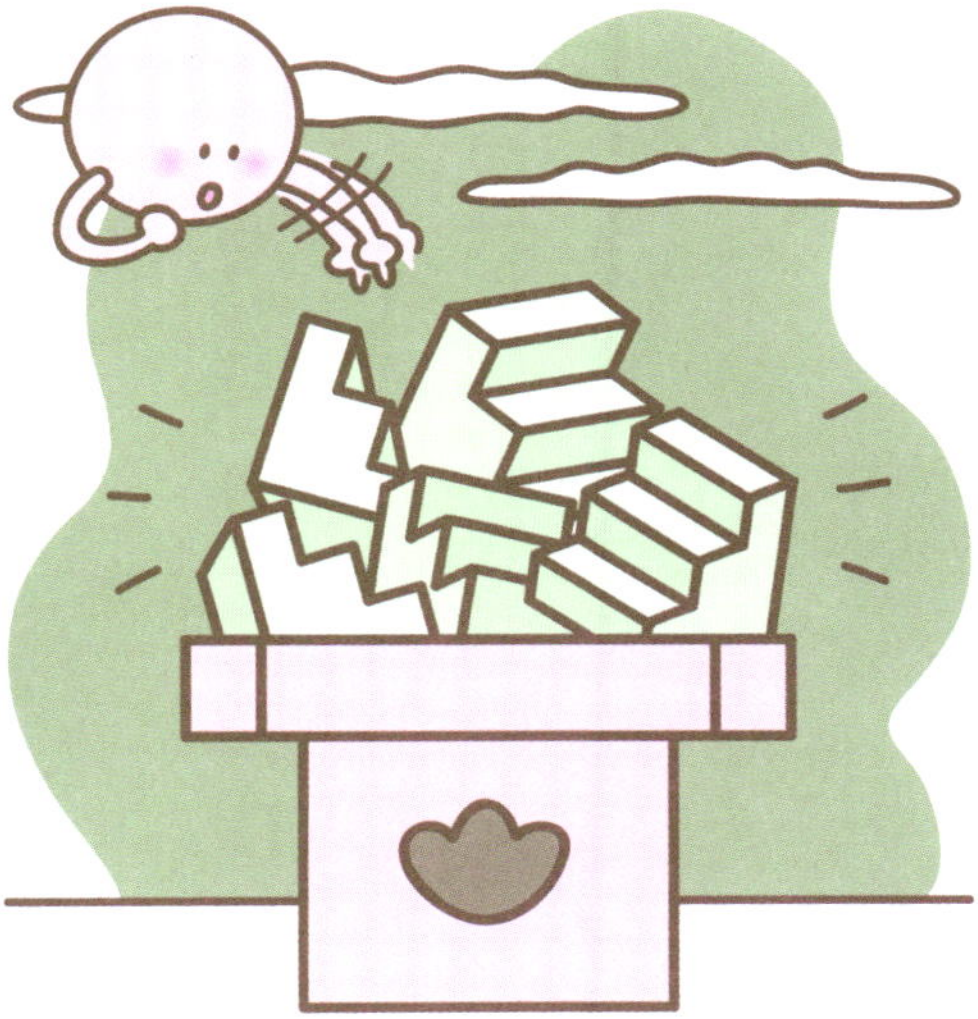

2

この星《ほし》ってなーんだ？

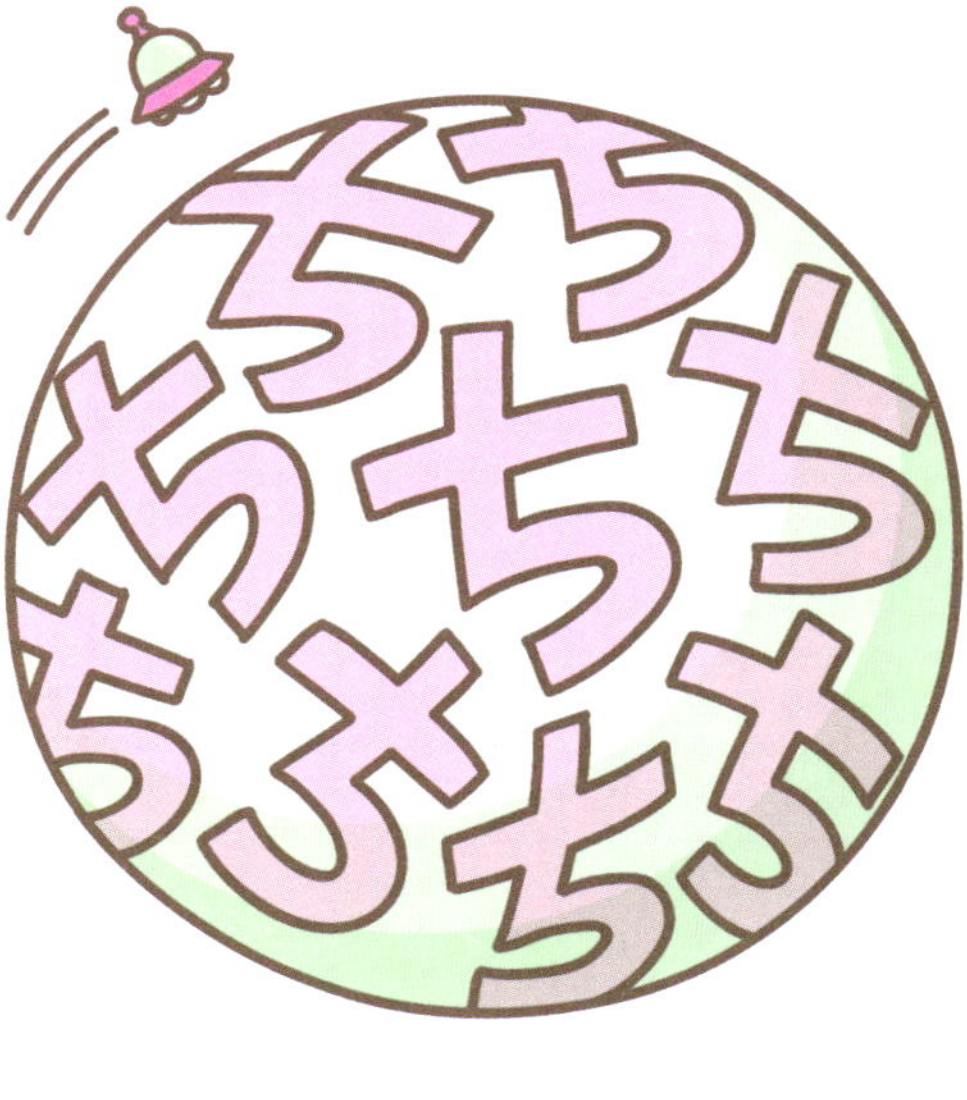

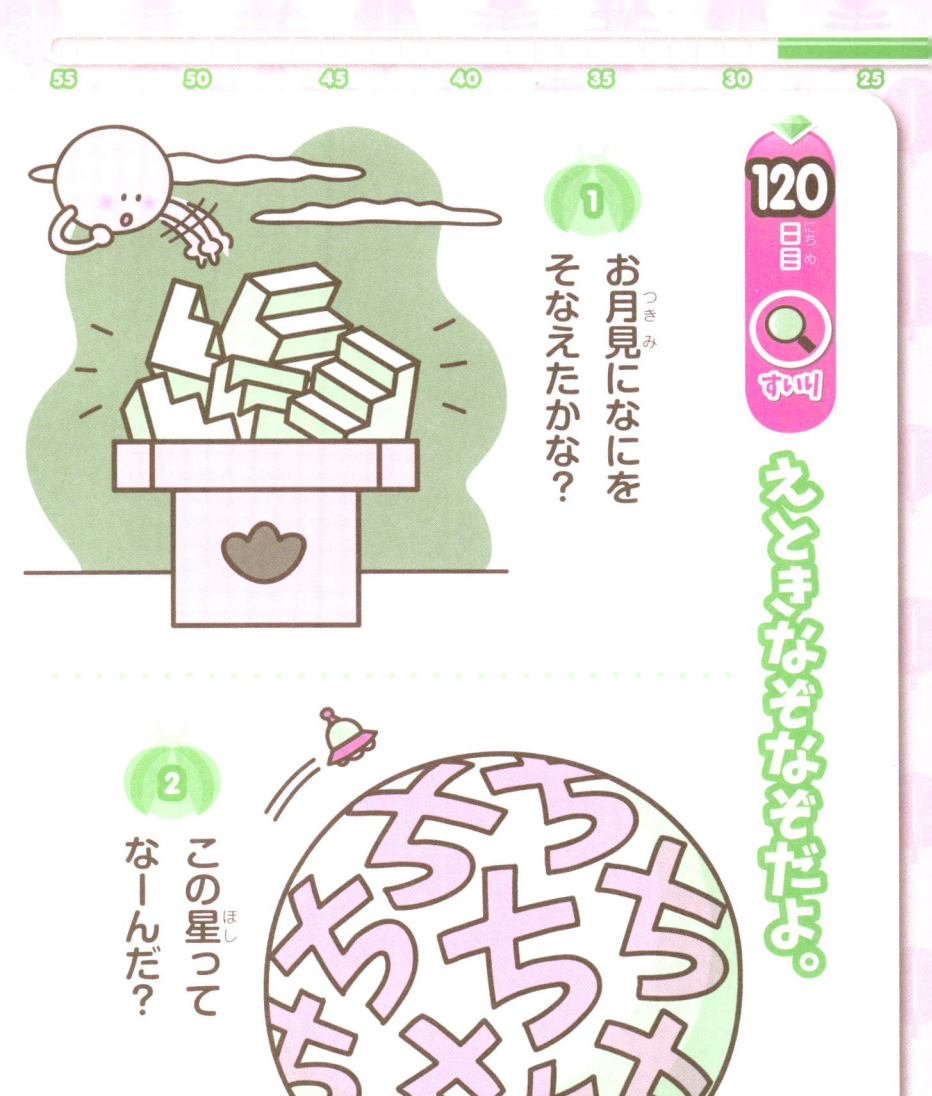

121日《にち》目《め》

ひらめき

1

人間《にんげん》も
どうぶつも
もっている
たまってなーんだ？

2

いつも
おもしろい話《はなし》を
してくれるお店《みせ》って
なーんだ？

122ページのこたえ　1 キウイ（9い）　2 スカート　3 たなばた（たな、バタッ）

122 日目《にちめ》

やわらか

1

空《そら》からはふってきて、
口《くち》に入《い》れると
あまくておいしい
ものってなーんだ？

2

あなをほらないと
いけないのに
おしゃべりばかり
しているものって
なーんだ？

123ページのこたえ　1 だんご（だん5）　2 ちきゅう（ち9）

123日目《にちめ》
すいり

上《うえ》のことばはどっちのグループに入《はい》るかな？

1 すず

A	B
あせ	つば
ハト	カモ
ガ	カ

2 サイコロ

A	B
雨《あめ》	風《かぜ》
しお	みそ
バット	グローブ

124ページのこたえ 1 あたま 2 おかしやさん

124日《にち》目《め》

ひらめき

1

ガムはガムでも
食《た》べられない
ガムってなーんだ？

2

ナイスなスコップが
へんしんしたよ。
なにになったかな？

3

ぼうはぼうでも
お母《かあ》さんに
べたべたくっつく
ぼうってなーんだ？

125ページのこたえ 1 あめ（雨《あめ》、飴《あめ》） 2 シャベル

125日目《にちめ》

やわらか

ミニステージ

わぁ、大《おお》きな花《はな》！
あ なぞなぞだ
しろで書《か》くと よくみえて くろで書《か》くと あまりみえない もの、なーんだ？
なんだろう
んー？
ヒントだよ。しろで書《か》くものって なにがあるかな？
わかった！
おにいちゃん まって！ ゆいも あてたい！
ヒント！
みどりいろの ものに書《か》くよ
わかった！
せーの！
こくばん！
ピンポーン！
せいかーい、こくばんのカード、ゲット！
こくばん
やったぁ！

126ページのこたえ
1 B（Bは、「め」をあとにつけるとほかのことばになる）
2 A（Aは、ふるもの）

126日目《にちめ》 やわらか

ひっかけなぞなぞだよ。

1

たまねぎを切《き》ったら
出《で》てきたものって
なーんだ？

2

ラーメンの前《まえ》で
ゆっくり１００を
数《かぞ》えたら
どうなるかな？

127日目《にちめ》 ひらめき

1

自分《じぶん》のことを
サイといいはる
のみものって
なーんだ？

2

ボールはボールでも
四角《しかく》いボールって
なーんだ？

127ページのこたえ
1 ガムテープ　2 コップ（ない「ス」→コップ）
3 あまえんぼう

128
日《にち》目《め》

すいり

えときなぞなぞだよ。

1

どんな魚《さかな》かな？

2

このおだんごはなにあじかな？

129日目《にちめ》

ひらめき

1

魚《さかな》うりばの
りょうはしに
おいてある魚《さかな》って
なーんだ？

2

きはきでも
ぐあいがわるい
きってなーんだ？

129ページのこたえ

1 なみだ　2 ラーメンがのびる
1 サイダー　2 ダンボール

1

1時《じ》と3時《じ》の間《あいだ》に出《で》てくるきれいなものってなーんだ？

2

カマはカマでも学校《がっこう》にたくさんいるカマってなーんだ？

3

とにはさまれているあかいやさいってなーんだ？

130ページのこたえ 1カツオ（かおのまん中《なか》に「つ」） 2ハチミツ（8が3つ）

131日目《にちめ》

やわらか

1

どっちがいいかなと
みんなが
まよっちゃう
いろってなーんだ？

2

ゆかたをきて
おどる
つりってなーんだ？

131ページのこたえ　1サバ（さかなうりば）　2びょうき

132日目《にちめ》
ひらめき

1

ハンバーグ、ステーキ、しゃぶしゃぶ、いちばんモテるのはどーれだ？

2

すっぱそうなかおりのするしょっきってなーんだ？

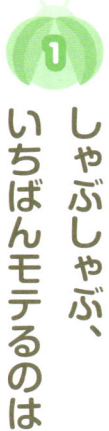

133日目《にちめ》 やわらか

ひっかけなぞなぞだよ。

1 学校《がっこう》のかいだんはのぼりとくだり、どっちが多《おお》いかな？

2 がんじょうな船《ふね》がしゅっぱつしてすぐにしずんだよ。どうしてかな？

134日目《にちめ》 ひらめき

1 コマ回《まわ》しの名人《めいじん》がしっぱいばかりしたらなんていったかな？

2 1こ100万円《まんえん》のカイってどんなカイ？

133ページのこたえ　1 めいろ　2 まつり

135日目《にちめ》

すいり

みつけよう

同《おな》じチョウチョウを3びきみつけてね。

こたえは348ページへ

134ページのこたえ 1 ステーキ（ステキ） 2 スプーン（す、プーン）

136日目《にちめ》 すいり

「ある」のことばにあって、「ない」のことばにないものってなーんだ？

1

ある	ない
あきたけん	とうきょうと
はるさめ	パスタ
さかなつり	山《やま》のぼり

2

ある	ない
ミミズ	ヘビ
カタツムリ	ヤドカリ
メダカ	金魚《きんぎょ》
アシカ	トド

135ページのこたえ 1 同《おな》じ（かいだんはのぼりもくだりも同《おな》じ）2 せんすいかんだったから　1 コマったな～　2 高《たか》い

137日《にち》目《め》

ひらめき

1

カンはカンでも
タイが
行くところって
どーこだ？

2

1本《ぽん》だけでも
1000こあるという
花《はな》火《び》って
なーんだ？

138日目《にちめ》 チャレンジ

①

オットセイ、
アシカ、クジラ、
この中《なか》で歩《ある》けたのは
どーれだ？

②

ひとつずつ
数《かぞ》えているのに
きゅうにふえちゃう
数字《すうじ》ってなーんだ？

③

口《くち》の下《した》に
ひげを2本《ほん》はやしたら
へんしんしたよ。
これだーれだ？

137ページのこたえ

1 きせつの名前《なまえ》（あきたけん、はるさめ、さかなつり）
2 体《からだ》の名前《なまえ》（ミミズ、カタツムリ、メダカ、アシカ）

139日目《にちめ》

やわらか

1

あかいようふくに水玉《みずたま》もようが7つ。でも「てんは10こ」という虫《むし》ってなーんだ？

2

雲《くも》の中《なか》で大《おお》きな音《おと》や光《ひかり》を出《だ》すかみさまってなーんだ？

140日目《にちめ》 ひらめき

1

「ほほほほ」と
わらって
かがやく
ものって
なーんだ？

2

シカはシカでも
かどが4つある
シカって
なーんだ？

141日目《にちめ》 やわらか

1

火《ひ》の中《なか》に
いるものって
なーんだ？

2

森《もり》の木《き》を
1本《ぽん》切《き》ったら
なにになったかな？

139ページのこたえ
1 アシカ（「アシ」の字《じ》が入《はい》っているから）
2 8（つぎが9だから） 3 兄《あに》

142日目《にちめ》
ひらめき

1

カンはカンでも
しゃしんや絵《え》が
いっぱい入《はい》っている
カンってなーんだ？

2

おくりものの中《なか》に
かならず入《はい》っている
食《た》べものって
なーんだ？

143 日目《にちめ》

やわらか

1

行《い》きは1本《ぽん》、帰《かえ》りは2本《ほん》のレールってなーんだ?

2

いつも人《ひと》にふまれているのに「りっぱ」といわれるものってなーんだ?

141ページのこたえ

1 ほし(ほ4) 2 四角《しかく》

1 人《ひと》 2 林《はやし》

144日目《にちめ》

ひらめき

1

フタに
こぶが2つできたら
どうぶつが出《で》てきたよ。
さてなーんだ?

2

だいはだいでも
おかあさんがたすかって
よろこんでくれる
だいってなーんだ?

3

おかしを
6つ食《た》べたのは
いつかな?

145日目《にちめ》

やわらか

レベルアップステージ

143ページのこたえ 1 ファスナー 2 スリッパ

144ページのこたえ　1 ブタ　2 お手《て》つだい　3 むかし（6かし）

3まいの
ミニアイテムカードを
ぼくに入《い》れてみて！
せんせい
こく
つくえ
でた！
つぎは
なんだろう？
わくわく
シュッ
アイテム3
がっこう
バーン！
やった！
学校《がっこう》を
ゲットだね！
これを
つけて！
さぁステージ4は
夜《よる》のどうくつへ
行《い》くよ！
ピカッ
夜《よる》の
どうくつ!?
ステージ4 スタート！

146日目《にちめ》

ひらめき

1

シュウマイの中《なか》に
入《はい》っている
どうぶつって
なーんだ？

2

地図《ちず》を引《ひ》っぱったら
食《た》べものが
出《で》てきたよ。
さてなーんだ？

1

おかあさんが
いつも
カガミの前《まえ》でする
ショウってなーんだ？

2

目《め》や口《くち》が
バラバラなおばけ。
でもみんなが
わらっちゃうものって
なーんだ？

148日目《にちめ》

ひらめき

1

のっていると
ぼんやりしてしまう
のりものって
なーんだ？

2

水曜日《すいようび》と土曜日《どようび》の
間《あいだ》につかう
がっきって
なーんだ？

148ページのこたえ　1ウマ（シュウマイ）　2チーズ

149日目《にちめ》

やわらか

1

いつもみんなにとびこえられちゃうはこってなーんだ？

2

入《い》り口《ぐち》が1つでへやが5つあるものってなーんだ？

149ページのこたえ　1 けしょう　2 ふくわらい

150日目《にちめ》

やわらか

ひっかけなぞなぞだよ。

1 毎日《まいにち》とかしてもとけないものってなーんだ？

2 よるごはんは5じ、では、おひるごはんはなんじかな？

3 8本《ぽん》のローソクを立《た》てたケーキから5本《ほん》ぬいたよ。あとはいくつかな？

150ページのこたえ 1ボート 2もっきん（木《もく》、金《きん》）

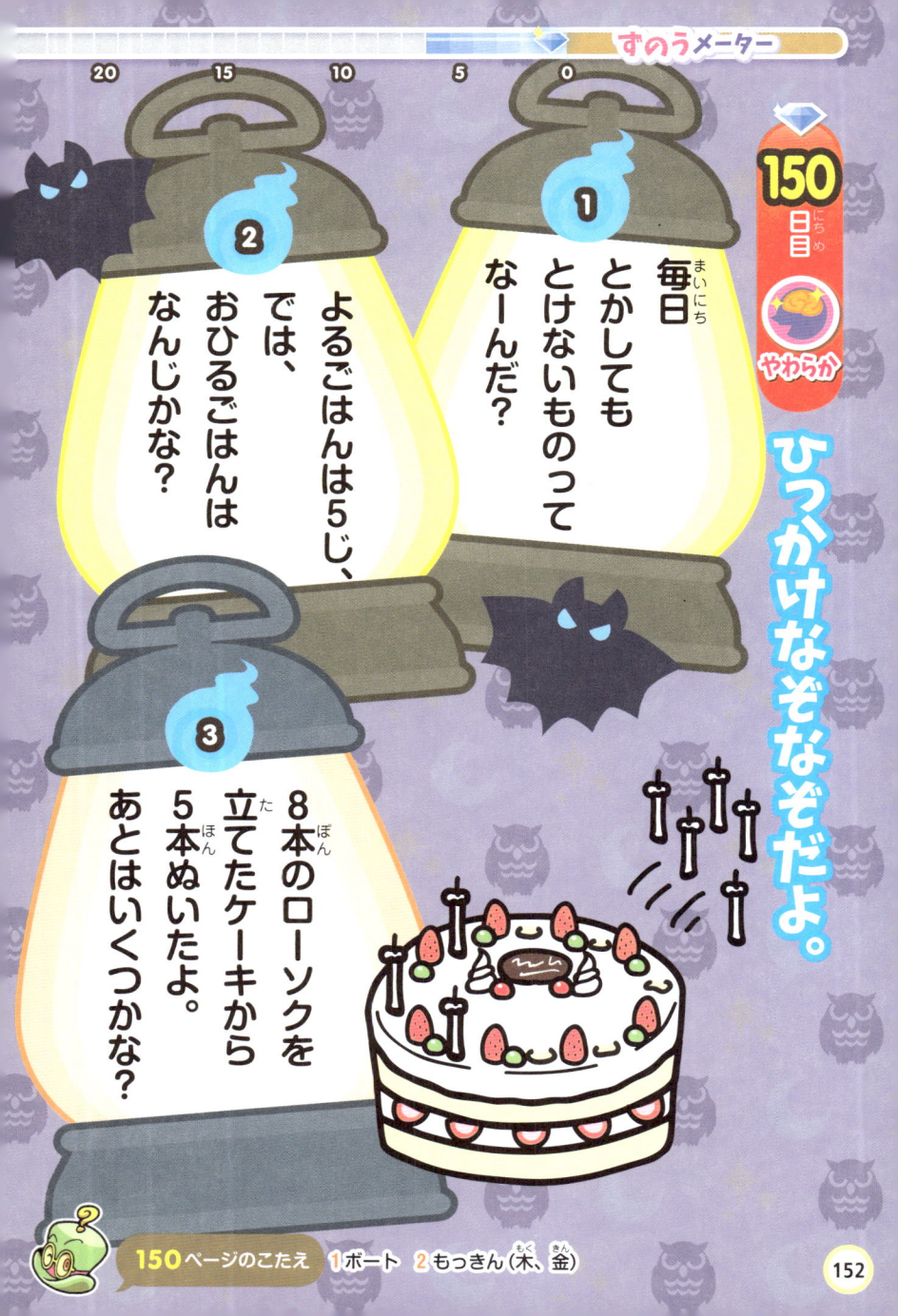

151日目《にちめ》

ひらめき

1 オニがこわがって食《た》べられないものってなーんだ？

2 つかれたときにのりたくなっちゃうどうぶつってなーんだ？

151ページのこたえ　1 とびばこ　2 手《て》ぶくろ

152 日目《にちめ》

すいり

えさがし

このえの中《なか》から5ひきの魚《さかな》をさがしてね。

152ページのこたえ 1 かみのけ 2 6じ（よるごはん→5字《じ》、おひるごはん→6字《じ》） 3 5つ（ローソクをぬいたあとだから）

こたえは349ページへ

153ページのこたえ　1 おにぎり（オニ切《ぎ》り）　2 ラクダ（楽《らく》だ）

153
日目《にちめ》
やわらか

1

四角《しかく》い顔《かお》から
いつもしろいしたを
出《だ》しているものって
なーんだ？

2

いつも
すの中《なか》にいない
まっくろなトリって
なーんだ？

154 日目《にちめ》

ひらめき

1

カイはカイでも
じゅもんをとなえれば
なんでもできちゃう
カイってなーんだ？

2

天《てん》びんにのっている
さかさまの
イルカとカメ。
かるいのは
どっちかな？

155日目《にちめ》

ひらめき

ミニステージ

156日目《にちめ》

ひらめき

1

くるみを
ひっくりかえしたら、
のみものになったよ。
さてなーんだ？

2

スターはスターでも
みんなに
こわがられている
スターってなーんだ？

3

ショーを
みながら食《た》べるのに
ぴったりといわれる
ものってなーんだ？

157ページのこたえ　1 まほうつかい　2 イルカ（さかさにするとカルイ）

157日目《にちめ》

すいり

えときなぞなぞだよ。

1 なにをしているのかな？

2 この人《ひと》ってだーれだ？

158
日目《にちめ》
ひらめき

1

マジシャンが
よくつかう
ペンって
なーんだ？

2

いつも
さぼっている
しょくぶつって
なーんだ？

159ページのこたえ
1 ミルク　2 モンスター
3 ショートケーキ（ショーとケーキ）

159
日目《にちめ》
やわらか

1

クネクネの体《からだ》で
口《くち》から水《みず》をいきおいよく
ふきだすものって
なーんだ？

2

はじめはしろいのに
食《た》べるときは
日《ひ》やけをして出《で》てくる
ものってなーんだ？

160ページのこたえ
1 ダンス（タンスに「″」がついている）
2 おまわりさん（おのまわりに３）

160日目《にちめ》

ひらめき

1

イスがさかさまになるのはなん曜日《ようび》かな？

2

カラスにこぶが2つできたらとうめいなものが出《で》てきたよ。さてなーんだ？

161日目《にちめ》

やわらか

1

ごはんを食《た》べるときにひつようなもじってなーんだ？

2

人《ひと》がふくをきないときにふくをきるものってなーんだ？

161ページのこたえ　1 マジックペン　2 サボテン

162日目《にちめ》

すいり

1

ティーシャツ、テレビ、ハサミの中《なか》で1つだけちがうものってどーれだ？

2

1から9の中《なか》で2つの数字《すうじ》でできた海《うみ》の生《い》きものってなーんだ？

3

買《か》いものに出《で》かけたイカ、マグロ、ワカメ。なんでも買《か》ってしまいそうなのはどーれだ？

163
日目《にちめ》
チャレンジ

1

空《そら》の中《なか》にとんでいる虫《むし》ってなーんだ？

メーターが3つすすむよ！

2

がっきをひく音楽会《おんがくかい》、けっせきした子《こ》がひいたのはなーんだ？

163ページのこたえ
1 水曜《すいよう》日《び》　2 ガラス
1 しゃもじ　2 ハンガー

164
日目《にちめ》
ひらめき

1

ホットドッグの
まん中《なか》に入《はい》っている
どうぶつって
なーんだ？

2

きはきでも
みんなが
口《くち》から出《だ》せる
きってなーんだ？

164ページのこたえ
1 テレビ（ほかは「きるもの」） 2 サンゴ（3、5）
3 ワカメ（かいそう）

165日目《にちめ》

すいり

1 サンダルとクツ。数《かず》が多《おお》いのはどっちかな？

2 イヌ、サル、キジの中《なか》でけいさつにとりしらべされたのはだーれだ？

166日目《にちめ》

やわらか

1 風《かぜ》がふかないとぜんぜんうごかない車《くるま》ってなーんだ？

2 口《くち》から出《だ》して耳《みみ》から入《はい》ってくるものってなーんだ？

165ページのこたえ

1 ハエ（「空《そら》」にハとエが入《はい》っている）

2 かぜ

167日目《にちめ》

ひらめき

まちがいさがし

下《した》のえから上《うえ》のえとちがうところを4こみつけてね。

こたえは348ページへ

166ページのこたえ　1 トド（ホットドッグ）　2 いき

168
日目《にちめ》
ひらめき

1

いつも人《ひと》のいうことに
さんせいしてくれる
のみものって
なーんだ？

2

音《おと》を出《だ》して
よんでいるのに
いつもむしされちゃう
ものって
なーんだ？

167ページのこたえ
1 クツ（3ダル、9つ） 2 キジ（トリしらべ）
1 かざぐるま 2 こえ

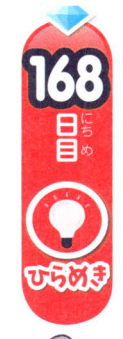

169
日目《にちめ》
やわらか

1

大《おお》きなあながあいているのに水《みず》の中《なか》にしずまないよ。これなーんだ？

2

長《なが》いはなでへやじゅうをすってまわるものってなーんだ？

3

いつもかたほうしかしない手《て》ぶくろってなーんだ？

1

1わなのに
2わいると
いわれちゃう
トリってなーんだ？

2

カンはカンでも
家《いえ》の入《い》り口《ぐち》にある
カンって
なーんだ？

169ページのこたえ　1 ソーダ（そうだ！）　2 電話《でんわ》（出《で》んわ）

171日目《にちめ》

すいり

上《うえ》のことばはどっちのグループに入《はい》るかな？

1 サイ

A	B
カバ	ワニ
コイ	メダカ
カ	セミ

2 口《くち》ぶえ

A	B
バケツ	ぞうきん
バイオリン	ラッパ
雨《あめ》	風《かぜ》

172 日目《にちめ》

ひらめき

1

クリはクリでも
形《かたち》や大《おお》きさが
よくにている
クリってなーんだ？

2

おなかに1ぴき、
せなかに1ぴき、
かかとに2ひきいる
虫《むし》ってなーんだ？

171ページのこたえ　1 ニワトリ　2 げんかん

173
日目《にちめ》
やわらか

1
タイヤがないのに子《こ》どもをのせて走《はし》れる車《くるま》ってなーんだ？

2
どの国《くに》ももっているけど、その国《くに》にしかないきってなーんだ？

3
食《た》べるものはくろくて、くっつけるものはしろやとうめいのものってなーんだ？

172ページのこたえ
1 A（Aは、おわりに「ん」をつけるとちがうことばになる。サイン、カバン、コイン、カン） 2 B（Bは、ふくもの）

174 日目《にちめ》

ひらめき

1

かたづけるのが上手《じょうず》などうぶつってなーんだ？

2

トリはトリでもゴミをあつめるトリってなーんだ？

173ページのこたえ　1 そっくり　2 カ（おなか、せなか、かかと）

175日目《にちめ》
やわらか

ミニステージ

あった！ なぞなぞだ
さかさまにするとまるくなっちゃうものってなーんだ？
まるく～？
さかさま～？
まるく
クルッ
ひっくりかえすと
わかった
くるまだ！
ピンポーン！
せいかーい 車《くるま》のカードゲット！
くるま
つぎはあの光《ひかり》のほうにすすもう！
うん！

176 日目《にちめ》

やわらか

1

あつい体《からだ》で
さっと
しわをけしちゃう
ものってなーんだ？

2

どんなにたたいても
いやがられるどころか
よろこばれるよ。
これなーんだ？

177 日目《にちめ》

ひらめき

1

ちゃんとかけても
かけているふりを
しているといわれる
ものってなーんだ？

2

チャーシューメンには
2つ入《はい》っているのに
ラーメンには1つしか
入《はい》っていない
ものってなーんだ？

175ページのこたえ　1 シマウマ　2 ちりとり

178日目《にちめ》

すいり

えときなぞなぞだよ。

1

なにが出《で》てきたかな？

2

歌《うた》っているのはどんな歌《うた》かな？

179
日目《にちめ》
ひらめき

1

先生《せんせい》には2こあって、
せいとには
1こしかない
ものってなーんだ？

2

毎週《まいしゅう》、
木《き》と土《つち》の間《あいだ》から
出《で》てくるおたからって
なーんだ？

3

カイはカイでも
サンタクロースを
つれてくる
カイってなーんだ？

177ページのこたえ
1 アイロン　2 はくしゅ
1 ふりかけ　2「一」の文字《もじ》

180日目《にちめ》
やわらか

1

わって食《た》べるのにはじめからわれているとこまるものってなーんだ？

2

せかい一《いち》の力《ちから》もちでも、どんなにえらい人《ひと》でも止《と》められないものってなーんだ？

178ページのこたえ　1ゴマ　2子《こ》もり歌《うた》

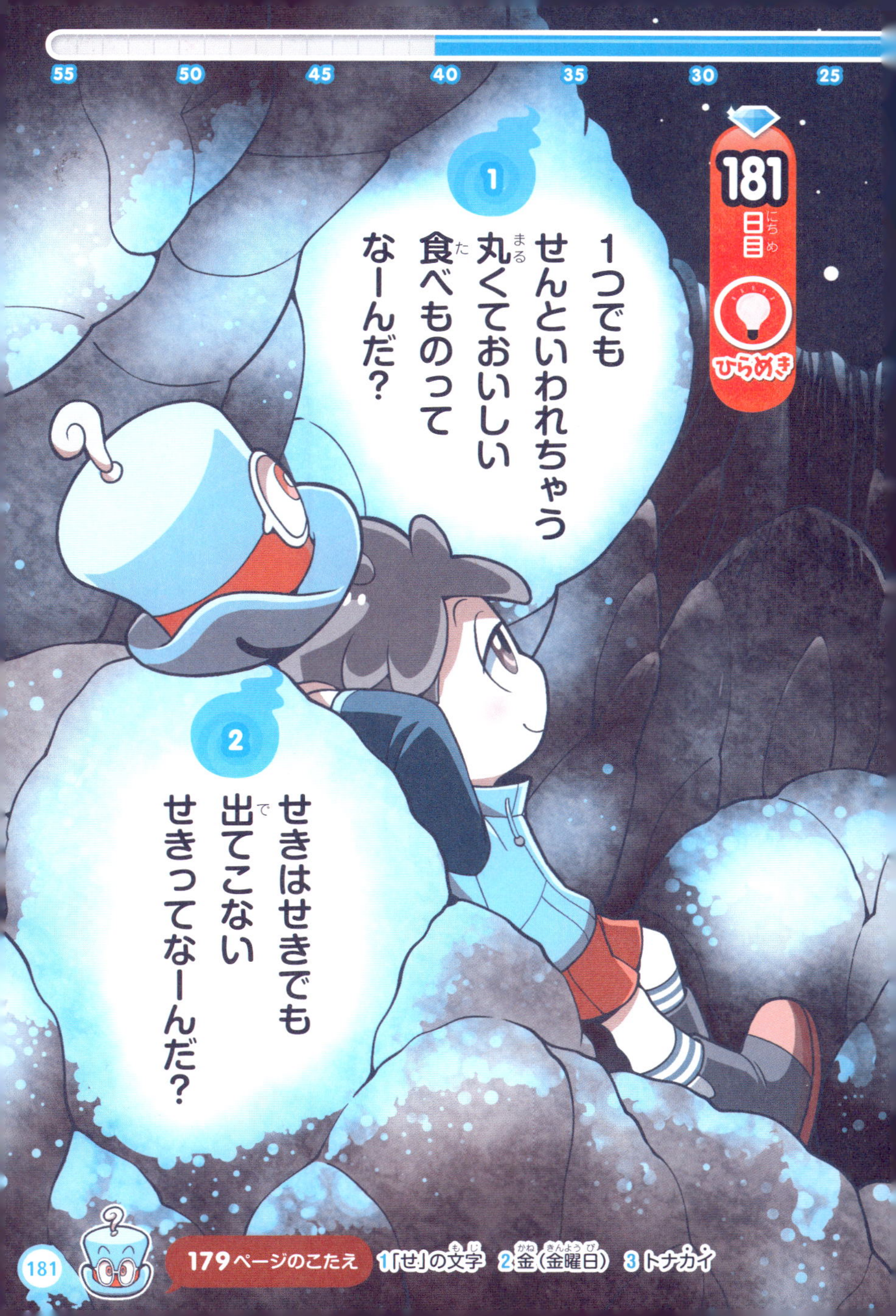

181 日目《にちめ》

ひらめき

1

1つでも
せんといわれちゃう
丸《まる》くておいしい
食《た》べものって
なーんだ？

2

せきはせきでも
出《で》てこない
せきってなーんだ？

179ページのこたえ　1「せ」の文字《もじ》　2 金《かね》（金曜日《きんようび》）　3 トナカイ

182日目《にちめ》

ひらめき

1

家《いえ》の中《なか》で
れいぎ正《ただ》しくなる
ところって
どーこだ？

2

いつも
ねだんを聞《き》いてくる
海《うみ》の食《た》べものって
なーんだ？

180ページのこたえ　1 たまご　2 時間《じかん》

183日目《にちめ》

やわらか

ひっかけなぞなぞだよ。

1

げんかん、ベランダ、おふろ。くつはどこではくかな？

2

20かいだてのビルからとびおりたのに、けがをしなかったよ。なんでかな？

3

イヌも入《はい》れるカフェに行《い》ったのにことわられたイヌがいたよ。なんでかな？

181ページのこたえ 1 せんべい 2 けっせき

184日目《にちめ》

やわらか

めいろ

と中《ちゅう》のなぞなぞをときながら
スタートからゴールまですすんでね。

こたえは349ページへ

182ページのこたえ　1 キッチン（きちんとする）　2 イクラ

185 日目《にちめ》

ひらめき

1

池《いけ》の中《なか》から
いつも
だれかをよんでいる
魚《さかな》ってなーんだ？

2

カンはカンでも
木《き》や土《つち》、水《みず》、お金《かね》が
入《はい》っている
カンってなーんだ？

186 日目《にちめ》

すいり

1

トンボ、トラ、
ウマの中《なか》で
1つだけちがうものって
どーれだ？

2

アメリカ、日本《にほん》、
フランスのはたがあるよ。
この中《なか》で
2つひつようなのは
どのはたかな？

183ページのこたえ

1 足《あし》 2 1かいからとびおりただけだから
3 イヌだけで行《い》ったから

187
日目《にちめ》
やわらか

ひっかけなぞなぞだよ。

1

5人《にん》の子《こ》で
1本《ぼん》のかさに
入《はい》っているのに、
だれもぬれてないよ。
なんでかな？

2

ひろったさいふを
交番《こうばん》に
とどけなかったけど
おこられなかったよ。
どうしてかな？

188日目《にちめ》

ひらめき

1

トリはトリでも
雨《あめ》がふるとやねの下《した》に
あつまってくる
トリってなーんだ？

2

ポケットに
入《はい》っていた
毛《け》をとったら
出《で》てきたものって
なーんだ？

185ページのこたえ
1 コイ　2 いっしゅうかん
1 トラ（ほかは頭《あたま》に竹《たけ》がつく）　2 日本《にほん》（2本《ほん》）

189日《にち》目《め》

やわらか

1

トリがごはんを
食《た》べるときって
どんなはしを
つかうかな？

2

海《うみ》では
カイといわれるのに、
山《やま》では
くだものといわれる
食《た》べものってなーんだ？

190日目《にちめ》 チャレンジ

1

サイコロを
3どふったら
ぜんぶ1が出《で》てきて、
ある食《た》べものが出《で》てきたよ。
なにかな？

2

ひざの上《うえ》に
丸《まる》いかけらが
おちてきたよ。
この食《た》べものなーんだ？

3

家《いえ》のまわりで
こえをかけてくる
ものってなーんだ？

187ページのこたえ　1 あまやどり　2 ポット（ポケットの「ケ」をとる）

191日目《にちめ》

すいり

えときなぞなぞだよ。

1

やおやさんに売《う》っているものだよ。さてなーんだ？

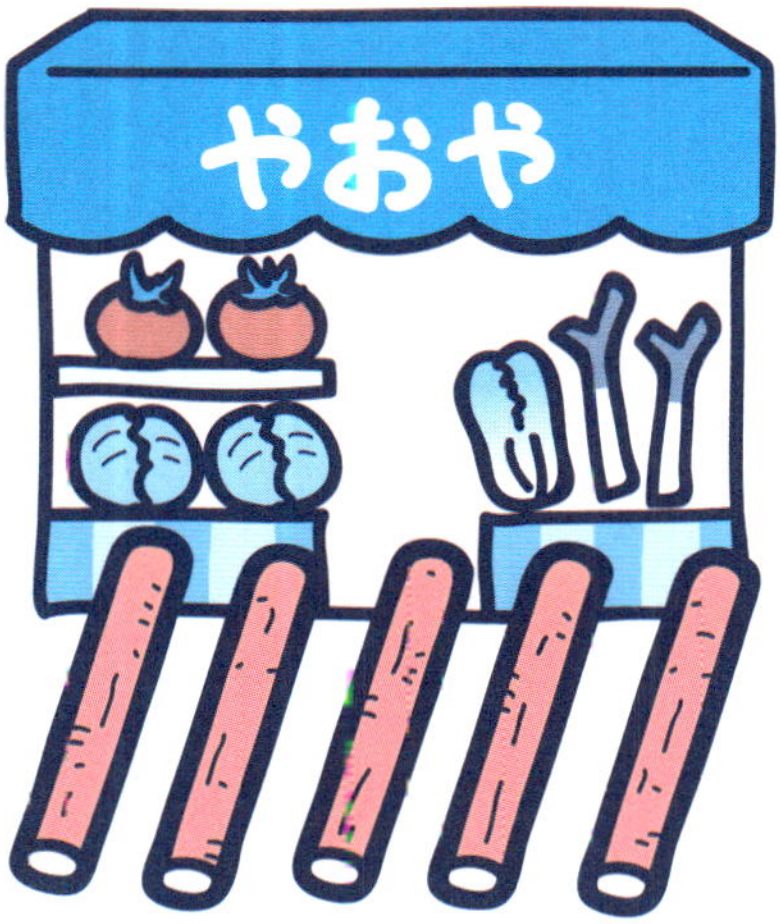

2

うちにかえったらすることだよ。さてなーんだ？

188ページのこたえ 1 くちばし 2 カキ

192日目《にちめ》 ひらめき

1
車《くるま》が
まがりかどで
おとすものって
なーんだ？

2
はいしゃの
はなしをしたら
なにになったかな？

193日目《にちめ》 やわらか

1
目《め》に
足《あし》がはえたら
なにになるかな？

2
口《くち》の中《なか》に玉《たま》を入《い》れたら
ものすごく大《おお》きなものに
なったよ。
さてなーんだ？

189ページのこたえ　1 サンドイッチ　2 ピザ（ヒザ＋。）　3 へい（ヘイ！）

194 日目《にちめ》

すいり

「ある」のことばにあって、「ない」のことばにないものってなーんだ？

1

ある	ない
カブトムシ	クワガタ
バニラアイス	チョコアイス
マイナス	プラス
いもうと	おとうと

2

ある	ない
ワンタンめん	チャーシューめん
カチューシャ	リボン
ブーツ	ながぐつ
メートル	センチ

190ページのこたえ　1 ゴボウ（5ぼう）　2 うがい（「う」が「い」）

195日目《にちめ》 ひらめき

レベルアップステージ

191ページのこたえ
1スピード　2いしゃ（はいしゃの「は」なし）
1貝《かい》　2国《くに》

192ページのこたえ

1 やさい（カブ、ニラ、ナス、いも）

2 どうぶつのなきごえ（ワン、チュー、ブー、メー）

じゃあ
あたまに入れてみて！
くるま
でんしゃ
シュッ!!
でやー！
アイテム4
のりもの
のりものをゲット！
これで4まいゲットだ！
ジャーン！
さて
ステージ5は
海《うみ》のたんけんだよ！
海《うみ》！
わーい
海《うみ》〜？
およげないけど
だいじょうぶかな？
だいじょうぶだよ
ぼくに
つかまってれば
キリッ
ステージ5 スタート！

196
日目《にちめ》
やわらか

1

どうろにいて
まっかな顔《かお》で
紙《かみ》を食《た》べちゃう
ものってなーんだ？

2

はがいっぱい生《は》えていて
頭《あたま》を行《い》ったり来《き》たり
するものって
なーんだ？

197日目《にちめ》

ひらめき

1

やきゅうでうつのがすきな虫《むし》ってなーんだ？

2

いつも海《うみ》でいそいでいる生《い》きものってなーんだ？

198日目《にちめ》

やわらか

1

お日《ひ》さまが出《で》ると
あせをかく
冬《ふゆ》にしか会《あ》えない
ものってなーんだ？

2

けずればけずるほど
出《で》てくるものって
なーんだ？

196ページのこたえ 1ポスト 2くし

199日目《にちめ》

ひらめき

1

きはきでも
びょうきをしない
きってなーんだ？

2

カガミについていた
ガをおいはらったら
へんしんしたよ。
なにになったかな？

197ページのこたえ　1 バッタ（バッター）　2 イソギンチャク

200日目《にちめ》
やわらか

ひっかけなぞなぞだよ。

1

どんなに
まんいんのバスでも
かならず
すわれる人《ひと》って
だーれだ？

2

うでどけいは
5じ。では、
めざましどけいは
なんじかな？

3

森《もり》の中《なか》に
木《き》は
なん本《ぼん》あるかな？

198ページのこたえ　1 雪《ゆき》だるま　2 えんぴつのしん

1

学校《がっこう》でカンが
3つそろう日《ひ》に
親《おや》がくるよ。
いつかな？

2

おいしゃさん、
おすもうさん、
おぼうさんの中《なか》で
ころんでも
けがをしなかったのは
だーれだ？

202
日目《にちめ》

ひらめき

えしりとり

えでしりとりしながらスタートからゴールまですすんでね。

こたえは349ページへ

200ページのこたえ
1 うんてんしゅ　2 7じ（7字《じ》）
3 いっぱい（3本《ぼん》じゃないよ）

60 55 50 45 40 35 30

203 日目《にちめ》

やわらか

1

ひざの上《うえ》にのっているくだものってなーんだ？

2

右《みぎ》の手《て》ではぜったいにもてないものってなーんだ？

201ページのこたえ 1 さんかん日《び》 2 おぼうさん（けがないから）

204日《にち》目《め》

ひらめき

①

いつも水《みず》の中《なか》でくしゃみばっかりしているトリってなーんだ？

②

チョウはチョウでもさいしょはみどりいろでだんだんきいろになるチョウってなーんだ？

205 日目《にちめ》
やわらか

ミニステージ

203ページのこたえ 1 モモ（ふともも） 2 右手《みぎて》

206
日目《にちめ》
ひらめき

1

顔《かお》のまん中《なか》にあって、お店《みせ》で買《か》うこともできるものってなーんだ？

2

ウシがうがいをしたらへんしんしたよ。なにになったかかな？

3

「ゲロゲロ」とないたカエル。なにをつたえているのかな？

204ページのこたえ　1 ハクチョウ（ハックチョン）　2 イチョウ

207日目《にちめ》

やわらか

1

あかいぼうしを
かぶるとだんだん
せがひくくなっていく
ものってなーんだ？

2

夜《よる》はお山《やま》になって
昼《ひる》は野原《のはら》になる
ものってなーんだ？

208日目《にちめ》
すいり

えときなぞなぞだよ。

1
なにをつくっているのかな？

2
これはなんのお花《はな》かな？

206ページのこたえ
1 はな（鼻《はな》と花《はな》） 2 石《いし》（「う」が「い」になる）
3 にげろ（2ゲロ）

209日目《にちめ》

ひらめき

1

食《た》べると
気分《きぶん》がスッキリする
くだものって
なーんだ？

2

ウシはウシでも
えをかかれちゃう
ウシって
なーんだ？

210日目《にちめ》

やわらか

1

かぞくならあくけど
知《し》らない人《ひと》には
あけられない
ものってなーんだ？

2

立《た》ってすすむより
よこになったほうが
はやくすすんだよ。
なにをしているのかな？

207ページのこたえ　1 ろうそく　2 ベッド

211
日目《にちめ》
ひらめき

1

いつも
まんいんの車《くるま》って
なーんだ?

2

けんはけんでも
きれいにしてくれる
けんってなーんだ?

3

さか立《だ》ちをしても
同《おな》じになる
ネコって
どんなネコかな?

208ページのこたえ
1 ぬいぐるみ（ぬっているクルミ）
2 サクラ（サラのまん中《なか》に9→さ9ら）

212 日目《にちめ》

チャレンジ

1

どうぶつに
あるものはしろいろ、
しょくぶつに
あるものはみどりいろ。
さてなーんだ？

おなじ！

メーターが3つすすむよ！

2

きいろ、きみどり、
オレンジのたまご。
わったら白《しろ》みだけ
だったのは
なにいろのたまご？

きいろ
きみ…どり…
オレンジ

209ページのこたえ
1 マスカット（まー、スカッと）　2 画用紙《がようし》、もぞう紙《し》
1 家《うち》のドア　2 すいえい

213日目《にちめ》

すいり

えときなぞなぞだよ。

1

これは
なにいろのピンかな？

2

空《そら》からあらわれたのは
なーんだ？

214 日目《にちめ》

ひらめき

1 けががなおるときに出《で》てくるブタってなーんだ？

2 おかあさんにまるをつけるとへんしんしたよ。だれになったかな？

215 日目《にちめ》

やわらか

1 ぬぐことはできるけどきることはできないものってなーんだ？

2 だましているのによろこんでもらえる人《ひと》ってだーれだ？

211ページのこたえ　1 は（歯《は》と葉《は》）　2 きみどり（黄《き》身《み》どり）

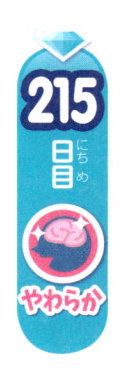

216日目《にちめ》

すいり

上《うえ》のことばはどっちのグループに入《はい》るかな？

1 れんらく

A	B
日記《にっき》	カレンダー
手《て》	足《あし》
電話《でんわ》	ケータイ

2 ちゅうしゃ

A	B
ふえ	たいこ
サッカーボール	テニスボール
米《こめ》	そば

212ページのこたえ　1 ピンク（ピン９）　2 てんし（点《てん》４）

217日目《にちめ》

すいり

えさがし

このえの中《なか》から4このカイをさがしてね。

こたえは350ページへ

213ページのこたえ

1 かさぶた　2 パパ（ハハに丸《まる》をつける）

1 くつ、くつした、ぼうし　2 マジシャン

218
日目《にちめ》
ひらめき

1

たからくじに
くっついている
トリって
なーんだ？

2

手《て》ぶくろを
ぎゃくにしたら
ひどいことをされたよ。
なにをされたかな？

3

名前《なまえ》が
まずそうな魚《さかな》って
なーんだ？

219日目《にちめ》

やわらか

1

みんなの足《あし》にいる
小《ちい》さなゾウって
なーんだ

2

まどのそばで
たたまれたり
ひろがったりする
ものってなーんだ？

220日目《にちめ》

ひらめき

1

うんどうぐつの中《なか》に
入《はい》っている
ものってなーんだ？

2

オリはオリでも
本《ほん》を読《よ》むよきに
つかうオリって
なーんだ？

221
日《にち》目《め》
やわらか

ひっかけなぞなぞだよ。

1

右《みぎ》ききの子《こ》が
どうしても
左《ひだり》手《て》をつかわなくちゃ
いけないときって
どんなときかな?

2

5人《にん》で
かくれんぼをして
3人《にん》がみつかったよ。
のこりはなん人《にん》かな?

216ページのこたえ
1 タカ（たからくじ） 2 6回《かい》ぶたれた（てぶくろ→ろくぶて）
3 ナマズ（名《な》まず~）

222 日目《にちめ》

すいり

1 おやつとおかし、数《かず》が多《おお》いのはどっちかな？

2 ラジコン、エアコン、パソコンの中《なか》でそこをとるとおいしそうなものが出《で》てくるのはどーれだ？

223 日目《にちめ》

やわらか

1 夏《なつ》はぶらさがっていて冬《ふゆ》はとんでいくものってなーんだ？

2 かわいたふくはぬいで、ぬれたふくをきるものってなーんだ？

217ページのこたえ

1 ひざこぞう　2 カーテン

1 どうぐ（うんどうぐつ）　2 しおり

224日目《にちめ》

ひらめき

1

サイはサイでもとっても頭《あたま》のいいサイってなーんだ？

2

手《て》がすっぱくなるスポーツってなーんだ？

3

うどんやラーメンを食《た》べると2わ出《で》てくるトリってなーんだ？

218ページのこたえ　1 右手《みぎて》のつめを切《き》るとき　2 1人《ひとり》（あと1人《ひとり》はおに）

225日目《にちめ》

ひらめき

ミニステージ

219ページのこたえ

1 おやつ（お8つ、おか4） 2 パソコン（ソコをとるとパン）

1 はっぱ（おちば、このは） 2 ハンガー

226日目《にちめ》

ひらめき

1

ほしはほしでも
あかくて丸《まる》くて
すっぱいほしって
なーんだ?

2

ごはんを食《た》べず、
みんなにふまれても
へいきなペットって
なーんだ?

220ページのこたえ 1 天才《てんさい》 2 テニス（手《て》にす） 3 ツル（つるつる）

227日目《にちめ》

やわらか

ひっかけなぞなぞだよ。

1

ひとりじゃないと
話《はな》せないことって
なーんだ?

2

ひなこ、もえこ、あやか、
この中《なか》で
こなかったのは
だーれだ?

228日目《にちめ》
ひらめき

1

ずっとまっている木《き》ってなーんだ？

2

おにいちゃんは出《で》てくるけどおねえちゃんは出《で》てこないテレビ番組《ばんぐみ》なーんだ？

229日目《にちめ》

やわらか

1

しゃしんやビデオでしかみることができない自分《じぶん》の顔《かお》ってなーんだ？

2

道《みち》に立《た》っていてコインを食《た》べたらのみものをくれる。これなーんだ？

230日目《にちめ》

ひらめき

1

お休《やす》みがない当番《とうばん》ってなーんだ？

2

パイはパイでもパーティーのはじめに出《で》てくるパイってなーんだ？

223ページのこたえ 1 ひとりごと　2 あやか（名前《なまえ》に「こ」がない）

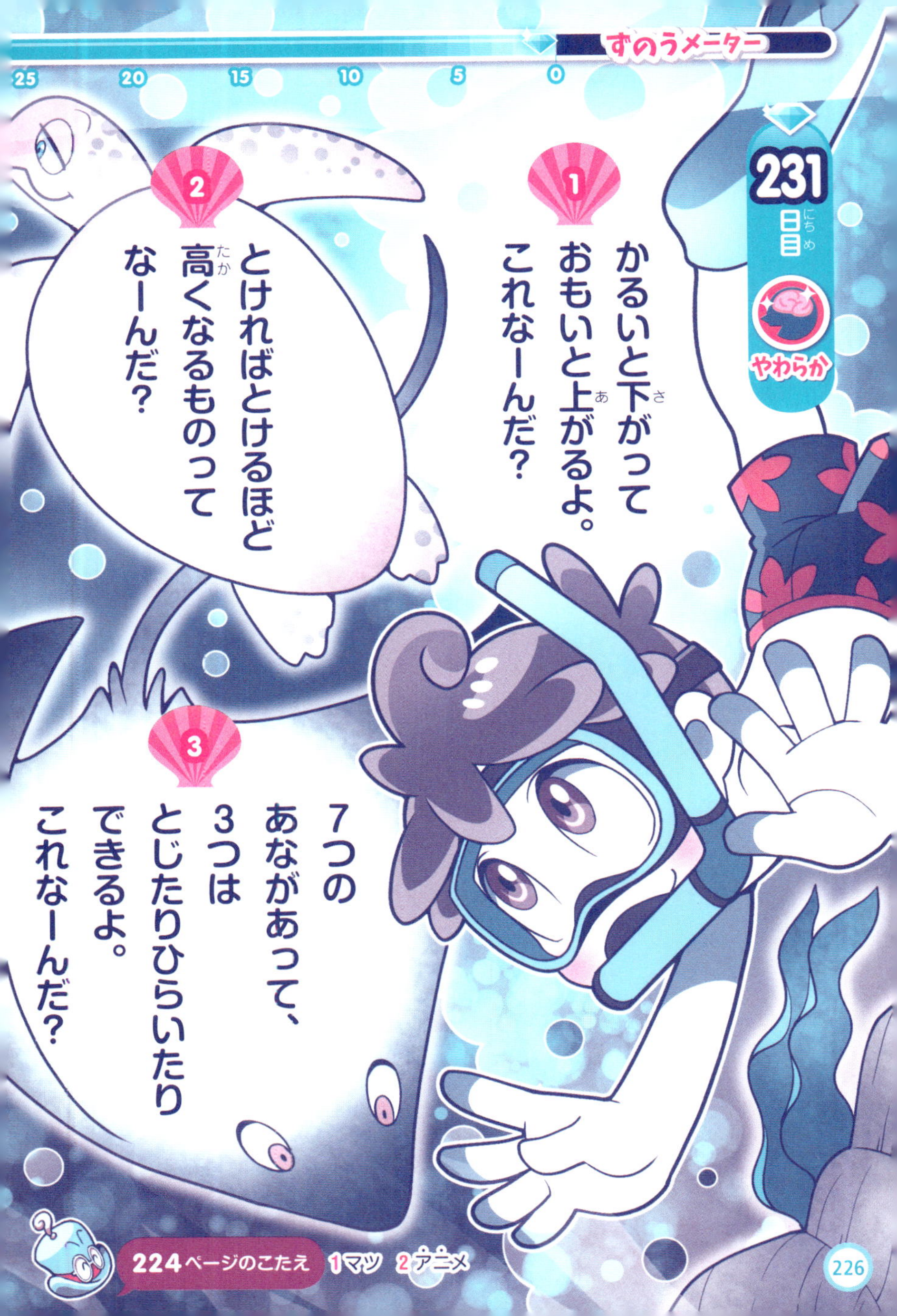

231日《にち》目《め》

やわらか

1

かるいと下《さ》がって
おもいと上《あ》がるよ。
これなーんだ？

2

とければとけるほど
高《たか》くなるものって
なーんだ？

3

7つの
あながあって、
3つは
とじたりひらいたり
できるよ。
これなーんだ？

224ページのこたえ 1マツ 2アニメ

232日目《にちめ》

ひらめき

1

カキはカキでも
夏《なつ》に食《た》べたい
カキって
なーんだ？

2

森《もり》のまん中《なか》にはなくて、
林《はやし》のまん中《なか》に
あるものって
なーんだ？

225ページのこたえ
1 ねがお　2 じどうはんばいき
1 110番《ばん》　2 かんぱい

233 日目《にちめ》
やわらか

1

お日《ひ》さまの上《うえ》に立《た》つと
なにかが聞《き》こえたよ。
なにかな？

2

四角《しかく》い大《おお》きな
はこの中《なか》に
小《ちい》さいはこを入《い》れると
どうなるかな？

226ページのこたえ　1（びょうきのときの）ねつ　2 テストの点数《てんすう》　3 頭《あたま》

234 日目《にちめ》

すいり

1

カモメ、スズメ、ツバメ、目《め》の上《うえ》で音《おと》をならすことができるのはどーれだ？

2

テストの点数《てんすう》、とるとくやしい点数《てんすう》が2つあるよ。なん点《てん》かな？

235 日目《にちめ》

やわらか

1

家《いえ》の中《なか》で、立《た》ちあがるとひくくなってすわると高《たか》くなるものってなーんだ？

2

たてものや道《みち》、せんろはあるのに、車《くるま》や電車《でんしゃ》、人《ひと》もいないよ。さてなーんだ？

227ページのこたえ 1 かきごおり　2「や」の文字《もじ》

236 日目《にちめ》

ひらめき

まちがいさがし

下《した》のえから上《うえ》のえとちがうところを4こみつけてね。

こたえは350ページへ

228ページのこたえ　1 音《おと》（「日《ひ》」の上《うえ》に「立《たつ》」→音《おと》）　2 回《まわ》る

237 日目《にちめ》

ひらめき

1

チョウはチョウでも
学校《がっこう》で
いちばんえらい
チョウってなーんだ？

2

カキの下《した》には
なにがあるかな？

238 日目《にちめ》

やわらか

1

立《た》っていると
かたほうしかみえなくて
すわると
りょうほうみえる
ところってどーこだ？

2

空《そら》には
1こしかないはずの月《つき》が
12こもあるよ。
これなーんだ？

229ページのこたえ
1 スズメ　2 9や4（くやしい）
1 天《てん》じょう　2 地図《ちず》

239
日目《にちめ》
ひらめき

1

ゾウはゾウでも
体《からだ》の中《なか》で
ドキドキするゾウ
ってなーんだ？

2

あいを
ぬすんでいく人《ひと》って
だーれだ？

240
日目《にちめ》
ひらめき

1
アザラシとアシカ、ケガをしたのはどっちかな？

2
いつもしょうぶにかってばかりのするどいはをもつものってなーんだ？

3
すながくっついているのに食《た》べられるものってなーんだ？

231ページのこたえ
1 校長《こうちょう》　2「く」の文字《もじ》（かきくけこ）
1 足《あし》のうら　2 カレンダー

241 日目《にちめ》

すいり

上《うえ》のことばはどっちのグループに入《はい》るかな？

1 のり

A	B
頭《あたま》	はら
そで	えり
トラ	タツ

2 目ぐすり

A	B
かさ	ながぐつ
フォーク	スプーン
画《が》びょう	テープ

232ページのこたえ 1 心《しん》ぞう 2 アイドル

242日目《にちめ》

チャレンジ

1

ウマとウシが大《おお》食《ぐ》いきょうそうをしたよ。どっちがかったかな？

さあ ちょうせんだ！

2

おきゃくさんが6人《にん》のっていたバスがていりゅうじょで2人《ふたり》おろしたよ。バスには何人《なんにん》のっているかな？

233ページのこたえ　1 アザラシ（アザがあるから）　2 カッター　3 スナック（すなつく）がし

243
日目《にちめ》
ひらめき

1

ハチはハチでも
花《はな》をそだてるのが
上《じょう》手《ず》なハチって
なーんだ?

2

うえの上《うえ》に
あるものって
なーんだ?

3

ウシはウシでも
ロケットに
のっちゃう
ウシって
なーんだ?

234ページのこたえ　1 B（Bは、「まき」をつけられる）　2 A（Aは、さすもの）

244日目《にちめ》

やわらか

ひっかけなぞなぞだよ。

1 てい電《でん》していたけれど、本《ほん》を読《よ》めたよ。どうしてかな？

2 切《き》ってはればいろんなとこへいける紙《かみ》ってなーんだ？

245日目《にちめ》

ひらめき

1 トラはトラでもならべたりきったりするトラってなーんだ？

2 あおくはれてもぜんぜんいたくないものってなーんだ？

246日目《にちめ》

すいり

えときなぞなぞだよ。

1

おねえちゃんに
おこられたんだって。
どうなったかな？

2

このあと
ヤギたちは
どうなるかな？

236ページのこたえ　1 うえきばち　2 あい（あいうえお）　3 うちゅうひこうし

247 日目《にちめ》

ひらめき

1

マメの中《なか》で
いちばん
高《たか》いところにある
マメってなーんだ？

2

カイはカイでも
もんだいにこたえると
出《で》てくるカイって
なーんだ？

248 日目《にちめ》

やわらか

1

四角《しかく》いはこに
数字《すうじ》の10を
入《い》れたら
なにになるかな？

2

一《いち》を引《ひ》いたら
まっ白《しろ》になる
数字《すうじ》って
なーんだ？

237ページのこたえ

1 昼間《ひるま》だったから　2 手紙《てがみ》（切手《きって》をはる）

1 トランプ　2 あお空《ぞら》

249 日目《にちめ》

ひらめき

1

カエル、ザリガニ、カメ。この中《なか》でにがしたのはどれかな？

カメ

ザリガニ

カエル

2

もりはもりでも
木《き》のない
どうくつの中《なか》にいる
もりってなーんだ？

250日目《にちめ》
すいり
レベルアップステージ

239ページのこたえ
1 ソラマメ　2 せいかい
1 田《た》んぼ　2 百《ひゃく》(漢字《かんじ》の百《ひゃく》から一《いち》をとると白《しろ》になる)

240ページのこたえ　1 ザリガニ（「に」が下《した》）　2 コウモリ

クル
クル
クル
シュパッ
お店《みせ》アイテムゲットだね!
アイテム5
みせ
わあ!
これでアイテム5まい!
すごいね!あと2まいだ!
つぎは、あそこ!
え〜
山《やま》!?
まさか、のぼるの?
もちろん!
ステージ6 スタート!

251日目《にちめ》

ひらめき

①

コイはコイでも
池《いけ》ではなく空《そら》をおよぐ
コイってなーんだ？

②

聞《き》こえているはずなのに
よんでもへんじを
してくれない
パンってなーんだ？

252 日目《にちめ》

やわらか

1

古《ふる》くても新《あたら》しくても
ねだんが
かわらないものって
なーんだ？

2

おきているときは
みられないけど、
ねているときは
みられるものって
なーんだ？

253日目《にちめ》

すいり

①

1～10の中《なか》で
いっしょに
おれいばかり
いっている数字《すうじ》って
なにとなに？

②

なまける、くじける、
あわてるの中《なか》で
いたくないのは
どーれだ？

244ページのこたえ　1 こいのぼり　2 むしパン

60 55 50 45 40 35 30

254日目《にちめ》

ひらめき

1

家《いえ》の中《なか》で
ロバがかくれている
ところって
どーこだ？

2

ブリはブリでも
あかちゃんが大《だい》すきな
ブリって
なーんだ？

3

ちきゅうの中《なか》で
いちばん小《ちい》さい
ものって
なーんだ？

245ページのこたえ　1 お金《かね》　2 ゆめ

1

みんなもっている
夏《なつ》はくろくなって
冬《ふゆ》はしろくなる
ものってなーんだ？

2

虫《むし》たちが
いっぱいすんでいる
むらってなーんだ？

256日目《にちめ》

ひらめき

ボクとおどろう
えっ!!

①

いたに「おどろう」とさそわれた人《ひと》はどうしたかな？

②

門《もん》の前《まえ》にぶら下《さ》がっているケーキってなーんだ？

ブラ〜ン

247ページのこたえ　1 ふろば　2 おしゃぶり　3 ゆ（「ゅ」の文字《もじ》）

257日《にち》目《め》

やわらか

めいろ

と中《ちゅう》のなぞなぞをときながら
スタートからゴールまですすんでね。

スタート
カンはカンでも
おなかにふくろのある
カンって
なーんだ？
ゴール！

こたえは350ページへ

248ページのこたえ 1はだ 2草《くさ》むら

258日目《にちめ》

やわらか

ひっかけなぞなぞだよ。

1

けしゴムをつかって
海《うみ》をいっしゅんで
けしたよ。
どうやったのかな？

2

おちばを
1まい、2まいと
数《かぞ》えていったら
さいごは
なんまいになるかな？

249ページのこたえ　1 おどろいた　2 モンブラン

259日目《にちめ》
ひらめき

❶
ハサミはハサミでも
はさむだけで
ぜったい切《き》れない
ハサミってなーんだ?

❷
朝《あさ》ごはんのときに
かつやくする
家《いえ》の中《なか》の
スターってなーんだ?

❸
きはきでも
電車《でんしゃ》がとまる
きってなーんだ?

260日目《にちめ》
やわらか

ミニステージ

251ページのこたえ　1 けしゴムで目《め》をかくした　2 おしまい

261
日目《にちめ》

やわらか

1

わらうと
いたくなって、
おこると
立《た》っちゃう
ものってなーんだ？

2

キャラメルに
ついている
かみさまって
なーんだ？

252ページのこたえ 1せんたくばさみ 2トースター 3えき

262日目《にちめ》
ひらめき

1

チキンカレーの中《なか》に入《はい》っているおたからってなーんだ?

2

カキはカキでもえがじょうずなカキってなーんだ?

263日目《にちめ》

すいり

えときなぞなぞだよ。

1

このかいぶつって
なーんだ?

2

かがやくものが
出《で》てきたよ。
これなーんだ?

254ページのこたえ 1はら 2つつみ紙《がみ》(神《かみ》)

264 日目《にちめ》

ひらめき

1

すながないと
なにもできないのに、
すなをじゃまだと
いうものなーんだ？

2

いつもようじを
聞《き》いてくる
こわーいものって
なーんだ？

265 日目《にちめ》

やわらか

ひっかけなぞなぞだよ。

1

ミルクを
さかさまにするとクルミ。
ではココアを
さかさまにすると
どうなるかな？

2

しろいアンはしろアン、
くろいアンはくろアン、
ではきいろいアンは
なーんだ？

255ページのこたえ　1 きんか（チキンカレー）　2 えかき

266 日目《にちめ》

ひらめき

1

ヤリはヤリでも
やさしい人《ひと》が
もっている
ヤリってなーんだ？

2

いつも
つねられている
のみものって
なーんだ？

3

クリがおならをしたら
文《ぶん》ぼうぐに
へんしんしたよ。
これなーんだ？

256ページのこたえ
1 きゅうけつき（9毛月《けつき》）
2 ダイヤ（タイヤに゛がついている）

267日目《にちめ》

やわらか

1

水《みず》たまりに
うかんでいる
ぼうって
なーんだ？

2

そとがわは
つめたくて
中《なか》はあったかい、
時間《じかん》がたつととける
くらってなーんだ？

257ページのこたえ
1 すな時計《とけい》（すな、どけい）　2 ようかい（用《よう》かい？）
1 こぼれる　2 たくあん

268日目《にちめ》

ひらめき

1

どんぶりの下《した》のほうにかくれている魚《さかな》ってなーんだ？

2

ペンはペンでも山《やま》のいちばん上《うえ》にあるペンってなーんだ？

258ページのこたえ　1 思《おも》いやり　2 ぎゅうにゅう　3 クリップ

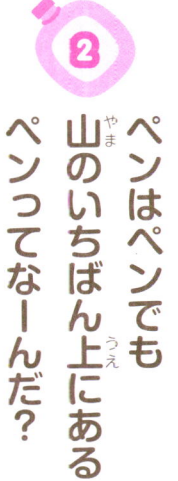

269 日目《にちめ》

やわらか

1 ひっくりかえされた
チョコ2つ、
わらってる？
おこってる？

2 目《め》にみえないのに、
きれいとか高《たか》いとか
いわれるものって
なーんだ？

270 日目《にちめ》

ひらめき

1 道《みち》を
よく知《し》っている
ケーキって
なにケーキかな？

2 どろぼうが
お金《かね》をみてにげたよ。
なんでかな？

259ページのこたえ 1 アメンボ（アメンボウともよばれている） 2 かまくら

271日目《にちめ》
ひらめき

1

ソリはソリでも
子《こ》どもはつかわず
大人《おとな》の男《おとこ》の人《ひと》がつかう
ソリってなーんだ？

2

あたりでもハズレでも
いつも
くじをなめている
ものってなーんだ？

3

先生《せんせい》に
名前《なまえ》をよばれて
こたえるのは
なんじかな？

260ページのこたえ 1 ブリ（どんぶり） 2 てっぺん

272日目《にちめ》

チャレンジ

1

ハンカチ、シャボン玉《だま》、ほうきの中《なか》で1つだけちがうものってどーれだ？

メーターが3つすすむよ！

2

いつもは水《みず》なのに火《ひ》をつけるともえ出《だ》すものってなーんだ？

261ページのこたえ
1 わらってる（チョコチョコ→コチョコチョ）　2 声《こえ》
1 チーズ（地図《ちず》）ケーキ　2 おっかねーから

273 日目《にちめ》

すいり

みつけよう

同《おな》じくだものかごを1組《くみ》みつけてね。

こたえは350ページへ

262ページのこたえ 1 ひげそり 2 ナメクジ 3 へんじ

274 日目《にちめ》

やわらか

❶ 電車《でんしゃ》がくる前《まえ》におりてくるきりってなーんだ？

❷ れいぞうこでひやした水《みず》にいる魚《さかな》ってなーんだ？

275 日目《にちめ》

ひらめき

❶ マメの中《なか》に字《じ》をかいた人《ひと》はどうなったかな？

❷ ペットはペットでも体《からだ》の中《なか》にのみものが入《はい》っているペットってなーんだ？

263ページのこたえ

1 ほうき（ハンカチとシャボン玉《だま》はふくもの、ほうきははくもの） 2 たき火《び》（滝《たき》＋火《ひ》→たき火《び》）

276 日目《にちめ》
やわらか

ひっかけなぞなぞだよ。

1

ビーチボールの中《なか》は空気《くうき》。ではうきわの中《なか》はなーんだ？

2

すもうで日本《にほん》チャンピオンにかった人《ひと》がいるよ。だーれだ？

277日目《にちめ》

ひらめき

1

食《た》べると
あんしんする
ケーキって
なーんだ？

2

頭《あたま》とおしり、
名《めい》たんていは
どっちがかゆいかな？

278日目《にちめ》

やわらか

1

どんなに
きれいな人《ひと》でも
なれないモデルって
なーんだ？

2

かがみじゃないのに
人《ひと》がたくさんうつる
ものってなーんだ？

265ページのこたえ

1 ふみきり　2 タイ（つめたい）

1 まじめになった　2 ペットボトル

上《うえ》のことばはどっちのグループに入《はい》るかな？

1 しんごう

A	B
バッタ	トンボ
おばけ	おに
スカーフ	ずきん

2 カギ

A	B
ポット	アイロン
カメラ	電話《でんわ》
ざぶとん	ふとん

266ページのこたえ　1 人間《にんげん》　2 世界《せかい》チャンピオン

267ページのこたえ 1ホットケーキ(ほっとケーキ) 2おしり(かい〜ケツ＝かいけつ) 1プラモデル 2しゃしん

281日目《にちめ》

ひらめき

1

ぎゅうにゅうには
入《はい》っているけど
ミルクには入《はい》っていない
食《た》べものって
なーんだ?

2

てんしはてんしでも
電車《でんしゃ》にのっている
てんしって
なーんだ?

3

9このパンを
くるまにのせたら
タイヤは
どうなったかな?

282 日目《にちめ》

やわらか

1

ほねはあるのに
立《た》つことも歩《ある》くことも
できないよ。
だけどすばやくうごける
生《い》きものってなーんだ？

2

お店《みせ》でやかれたり、
空《そら》にあがったりする
ものってなーんだ？

283 日目《にちめ》

ひらめき

1

いつも
こわれている
ちょうみりょうって
なーんだ？

2

ふたつのイスが
さかさまに
およいでいるよ。
どんなふうに
およいでいるかな？

284 日目《にちめ》

すいり

えときなぞなぞだよ。

1

わらっているのは なんのぐかな？

2

？？におくと ぴったりの かぐってなーんだ？

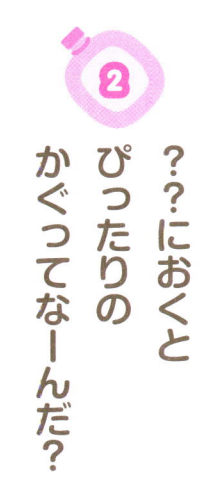

285日目《にちめ》

やわらか

1. ふくと気《き》もちいいけど、ひくとさむくてつらいものってなーんだ?

2. どの国《くに》よりもいちばん高《たか》いところにある国《くに》ってどーこだ?

286日目《にちめ》

すいり

1. 1~10の中《なか》にいっしょだとそうじがとくいな数字《すうじ》があるよ。なにとなにかな?

2. ねんど、ふで、コップ、さらの中《なか》でかみつかないものはどーれだ?

271ページのこたえ
1 魚《さかな》 2 タコ
1 コショウ 2 スイスイおよいでいる

287日目《にちめ》

ひらめき

1

じゅぎょうが
ぜんぶおわると
出《で》てくる
かごってなーんだ？

2

雨《あめ》がふると
出《で》てくる
まりってなーんだ？

3

クリはクリでも
おちこんでいる
クリってなーんだ？

288日目《にちめ》

やわらか

1

ひろったのに
お金《かね》をはらわなくちゃ
いけないものって
なーんだ？

2

小《ちい》さなものを
大《おお》きくできるけど、
小《ちい》さくはできない
ものってなーんだ？

273ページのこたえ
1かぜ　2天国《てんごく》
1 8と9（はく）　2ふで（紙《かみ》ねんど、紙《かみ》コップ、紙《かみ》ざら）

289日目《にちめ》
ひらめき

1

わかめスープの中《なか》に入《はい》っている海《うみ》の生《い》きものってなーんだ?

2

くつはくつでも小《ちい》さくてたいへんなくつってなーんだ?

290日目《にちめ》

やわらか

ひっかけなぞなぞだよ。

1

リコーダーをふいたのに音《おと》が出《で》ないよ。どうしてかな？

2

メモの上《うえ》にはなにがあるかな？

291日目《にちめ》

ひらめき

1

おばあちゃんが作《つく》るわたしにとってこわいたまごりょうりってなーんだ？

2

夏《なつ》に食《た》べるおかしはどんなあじがするかな？

275ページのこたえ 1 タクシー 2 マイク

292日目《にちめ》
ひらめき

1

はたけで
はなしをしたら
出《で》てきたものって
なーんだ？

2

肉《にく》まんとあんまん、
心《こころ》が広《ひろ》いのは
どっちかな？

3

コイはコイでも
頭《あたま》がいい
コイって
なーんだ？

293日目《にちめ》

すいり

えさがし

このえの中《なか》から3この雪《ゆき》のけっしょうをさがしてね。

こたえは351ページへ

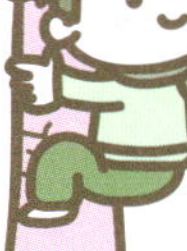

277ページのこたえ

1 ぬのでふいたから　2「む」の字《じ》（まみむめも）
1 ゆでたまご、にたまご　2 なつかしいあじ

294日目《にちめ》

ひらめき

1

上《うえ》から読《よ》んでも
下《した》から読《よ》んでも同《おな》じ
広《ひろ》げて読《よ》むものって
なーんだ？

2

目《め》の近《ちか》くから
ゆげが出《で》ているよ。
どんなゆげかな？

295日目《にちめ》

やわらか

①

右《みぎ》の子《こ》と左《ひだり》の子《こ》、
おしゃべりなのは
どっちかな？

②

点《てん》をとると
大《おお》きくなっちゃう
どうぶつって
なーんだ？

296日目《にちめ》

ひらめき

①

遠《とお》くでやいていても
近《ちか》くでやいているような
食《た》べものって
なーんだ？

②

まきはまきでも
すごい風《かぜ》がふいちゃう
まきって
なーんだ？

297日目《にちめ》

すいり

えときなぞなぞだよ。

1

この食《た》べものって なーんだ？

2

明日《あした》の天気《てんき》は なーんだ？

298日目《にちめ》

チャレンジ

1

くだものをかったよ。バナナ、リンゴ、イチゴの中《なか》でかわなかったものってなーんだ？

2

十《じゅう》に一《いち》をたしたらへんしんしたよ。これなーんだ？

3

3本《ぼん》のバナナを5人《にん》で同《おな》じように分《わ》けるにはどうすればいいかな？

281ページのこたえ

1 右《みぎ》の子《こ》（右《みぎ》に口《くち》があるから） 2 犬《いぬ》

1 やきそば 2 たつまき

299
日目《にちめ》
ひらめき

1

タコが口《くち》から出《だ》した「すすす」ってなーんだ？

2

トリはトリでも手《て》でできるだけたくさんとろうとするトリってなーんだ？

300日目《にちめ》

すいり

1

タコ、クラゲ、タイ、
イカの中《なか》で
1つだけちがう
ものってどーれだ？

2

1～10の中《なか》で
1につくときらわれ、
2につくとわらわれる
数字《すうじ》ってなーんだ？

301日目《にちめ》

ひらめき

1

きはきでも
みんなのまわりに
たくさんあるのに
みえないきって
なーんだ？

2

お店《みせ》で
「あげる」といわれても
うれしくない
ものってなーんだ？

283ページのこたえ
1 イチゴ（皮《かわ》なかった） 2 土《つち》（十《じゅう》＋一《いち》で「土《つち》」）
3 ジュースにする

1

100円《えん》以下《いか》で
日本中《にほんじゅう》をとびまわる
びんってなーんだ?

2

4本足《ほんあし》で
立《た》っているのに
「手《て》がふるえる」と
いっているものって
なーんだ?

284ページのこたえ　1 すみ　2 つかみどり

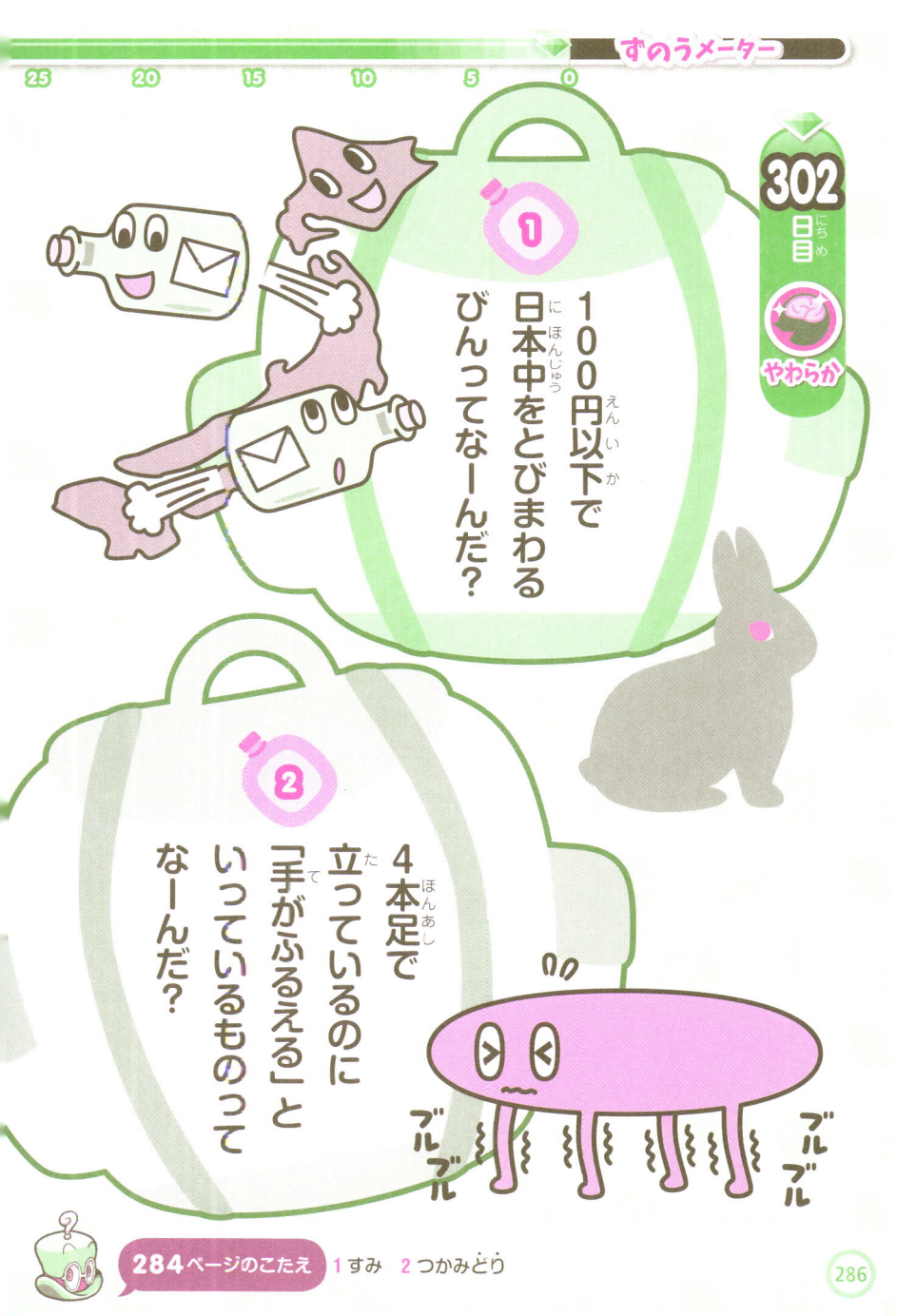

303日目《にちめ》

ひらめき

1

ちをぬくと
へまばかりする
やさいって
なーんだ？

2

おばあさんの顔《かお》に
さかさまに
とまっている
鳥《とり》って
なーんだ？

3

カキはカキでも
カエルやアヒルが
もっている
カキって
なーんだ？

285ページのこたえ

1 クラゲ（ほかは「やき」がつく）　2 8（18→イヤ、28→ニヤ）

1 空気《くうき》　2 ねだん

304
日目《にちめ》
すいり

上《うえ》のことばはどっちのグループに
入《はい》るかな？

1 きゅうきゅう

A	B
い	目《め》
はい	心《しん》ぞう
じてん	ずかん

2 くじ

A	B
たいこ	ピアノ
ずつう	かぜ
ソファー	カーテン

286ページのこたえ 1 ゆうびん 2 テーブル

305日《にち》目《め》

ひらめき

レベルアップステージ

287ページのこたえ 1 へちま 2 ワシ（さかさまにするとしわ） 3 水《みず》かき

犬《いぬ》が水曜《すいよう》日《び》にフンをするのはどこかな?
あ、雲《くも》になぞなぞが
よーし!
あーわかったよ、ゆいは?
え〜〜…
わかんないおにいちゃん教《おし》えて
!
ゴニョ
リドルー
はいはい〜
せーのっ
ふん水《すい》!
ピンポーン!!
ふんすい
せいかーい ふん水《すい》のカードをゲット!

288ページのこたえ　1 A（Aは、「しゃ」がつけられる）　2 B（Bは、ひくもの）

3まいのミニアイテムカードがあつまったね
すべりだい
ふんすい
わかった！公園《こうえん》だね
クル
クル
クル
まぁまぁ
あったり〜!!
公園《こうえん》アイテムでした〜！
ゲット！
アイテム6
こうえん
あと1まいだよ！ガンバロウ！
リドル、さいごはどこ？
こんどはもっとけわしい岩《いわ》の山《やま》へレッツゴー！
ええ〜〜〜!?
ここまできたら行《い》くしかないでしょ！
ステージ7 スタート！

306日目《にちめ》

ひらめき

1

ネズミが通《かよ》っている学校《がっこう》ってなーんだ？

2

きはきでも空《そら》からふってくるきってなーんだ？

307日目《にちめ》

すいり

1

ころんだ人《ひと》、
くつがぬげた人《ひと》、
パンツがやぶれた人《ひと》。
かけっこでさいごに
なったのはだーれだ?

2

8と4と5を
つなげたらできる
長《なが》いものって
なーんだ?

1

前《まえ》にも後《うし》ろにも
右《みぎ》にも左《ひだり》にも
すすまないけど
上《うえ》と下《した》にはすすむ
ものってなーんだ？

2

さむいときにある
すわるばしょなのに
たつっていわれる
ものなーんだ？

309 日目《にちめ》

ひらめき

1

スイッチをおすと
音《おと》の出《で》るおもちゃを
いもうとにあげたけど
あそべないよ。
どうしてかな？

2

おとうさんのすきな
テレビ番組《ばんぐみ》は
何《なん》チャンネルかな？

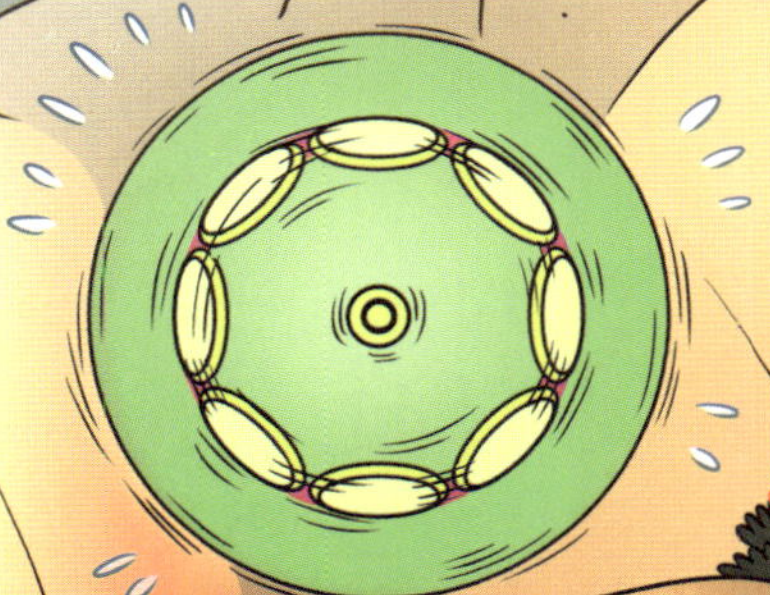

3

ならいごとに
行《い》かなくちゃいけない
曜日《ようび》って
何曜日《なんようび》かな？

293ページのこたえ 1パンツがやぶれた人《ひと》（ビリ） 2はしご

310日目《にちめ》

やわらか

ひっかけなぞなぞだよ。

1

たまごをわっても中《なか》みが出《で》てこないよ。なんでかな？

2

うちゅうに行《い》ったり、まほうつかいになったり、なんでもできるゾウってなーんだ？

294ページのこたえ　1 エレベーター　2 こたつ

1 ダンゴムシとテントウムシ、かけっこでかったのはどっちだ?

2 じてん車《しゃ》にいつもついている本《ほん》ってなーんだ?

3 タイはタイでもすぐ目《め》をとじちゃうタイってなーんだ?

295ページのこたえ
1 おさないから(幼《おさな》い、押《お》さない)
2 10チャン(とうちゃん)
3 火曜日《かようび》(通《かよ》う日《ひ》)

312日目《にちめ》

ひらめき

まちがいさがし

下《した》のえから上《うえ》のえとちがうところを5こみつけてね。

こたえは351ページへ

296ページのこたえ　1 ゆでたまごだから　2 そうぞう

313日目《にちめ》

やわらか

1

新聞《しんぶん》の間《あいだ》から
チラチラのぞいている
紙《かみ》ってなーんだ？

2

電車《でんしゃ》の中《なか》に
たくさん
ぶらさがっている
かわってなーんだ？

297ページのこたえ
1 ダンゴムシ（テントウムシ＝転倒《てんとう》） 2 じてん（辞典《じてん》）
3 ねむたい

314日目《にちめ》

ひらめき

1

びょういんじゃないのに
ちゅうしゃをする
ところってどーこだ？

2

カキはカキでも
学校《がっこう》にかならずある
あかいカキって
なーんだ？

3

2つあると
こわれちゃう
花《はな》ってなーんだ？

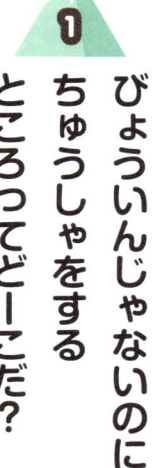

299ページのこたえ 1チラシ 2つりかわ

316日目《にちめ》

ひらめき

1

たからばこを
みつけたよ。
どこから
出《で》てきたかな？

2

つみ木《き》を
つみかえたら
できたことって
なーんだ？

3

パンはパンでも
おこのみやきが
のっている
かたーいパンって
なーんだ？

300ページのこたえ　1 ちゅうしゃじょう　2 しょうかき　3 バラ（バラバラ）

317日目《にちめ》

やわらか

ひっかけなぞなぞだよ。

1

5人《にん》でかけっこ。
わたしは3いを
ぬかしたよ。
今《いま》なんいかな？

2

「あれをみて！」と
ゆびをさしたら
ゆびの先《さき》には
なにがあったかな？

318日目《にちめ》

すいり

えときなぞなぞだよ。

1

このどうぶつってなーんだ？

2

この花《はな》の名前《なまえ》はなーんだ？

319日目《にちめ》

ひらめき

1

なにも売《う》らないのに
お金《かね》をもらえる
人《ひと》ってだーれだ？

2

このはしらが
立《た》っていると
ネズミが出《で》ないよ。
これなーんだ？

320日目《にちめ》

やわらか

1

目《め》ではみないで、
したでみる
ものってなーんだ？

2

いつもきみの
まわりにいる
ものってなーんだ？

303ページのこたえ　1 3い（2いじゃないよ。）　2 つめ

1

頭《あたま》にカメが
くっついている
どうぶつって
なーんだ？

2

1年《ねん》には1回《かい》、
1か月《げつ》には0回《かい》、
1日《にち》には2回《かい》
出《で》るものって
なーんだ？

3

トンボはトンボでも
1本足《ぽんあし》で空《そら》をとぶ
トンボって
なーんだ？

304ページのこたえ　1 ネズミ（ネ、すみ）　2 パンジー

322日目《にちめ》

やわらか

1

スポーツせん手《しゅ》が
ふやしたり
おとしたりする
ものってなーんだ？

2

1本《ぽん》だと
人《ひと》より大《おお》きくて、
2本《ほん》だと人《ひと》の手《て》で
もてるくらい小《ちい》さい
ものってなーんだ？

305ページのこたえ

1 うらないし　2 でんちゅう（出《で》ん、チュー）

1 あじ（味見《あじみ》）　2 しろみ（たまごのきみだから）

323日目《にちめ》

ひらめき

1

ウマ、ウシ、ブタ、イノシシ、どのどうぶつがいちばん高《たか》く売《う》れたかな？

2

にものができないなべとみえないメガネ、やすいのはどっちかな？

306ページのこたえ 1 カメレオン 2「ち」の字《じ》 3 竹《たけ》とんぼ

324日目《にちめ》

すいり

1

ドアが6つ
ついている
のりものって
なーんだ?

2

国語《こくご》、算数《さんすう》、
音楽《おんがく》の中《なか》で
1つだけちがう
ものってどーれだ?

325日目《にちめ》

やわらか

1

ふたつが近《ちか》づくと
かならずなにかを
引《ひ》きさいてしまうよ。
これなーんだ?

2

1年《ねん》に1回《かい》、
家《いえ》の中《なか》がふくで
いっぱいになる
日《ひ》っていつかな?

307ページのこたえ 1 体《たい》じゅう　2 はし(橋《はし》と箸《はし》)

326日目《にちめ》

ひらめき

1

おばさんに
毛《け》がついたら
へんしんしたよ。
なにになったかな？

2

いろんなものを
はつめいする
はかせなのに、
人《ひと》からかりないと
いけないものって
なーんだ？

3

カイはカイでも
毎月《まいつき》もらえて
つかうとへってしまう
カイってなーんだ？

327日目《にちめ》

チャレンジ

1

シロクマ、パンダ、タヌキの中《なか》でおもしろくないどうぶつってどーれだ？

メーターが3つすすむよ！

2

天《てん》ぷらとおすし、名《めい》たんていがよく食《た》べるのはどっちかな？

あぶら

309ページのこたえ

1 トロッコ（戸《と》6こ）　2 国語《こくご》（「ん」の字《じ》がない）

1 ハサミ　2 せつぶんの日《ひ》（ふくはうち）

328日目《にちめ》

やわらか

めいろ

スタートからゴールまですすんでね。
と中《ちゅう》のなぞなぞをときながら

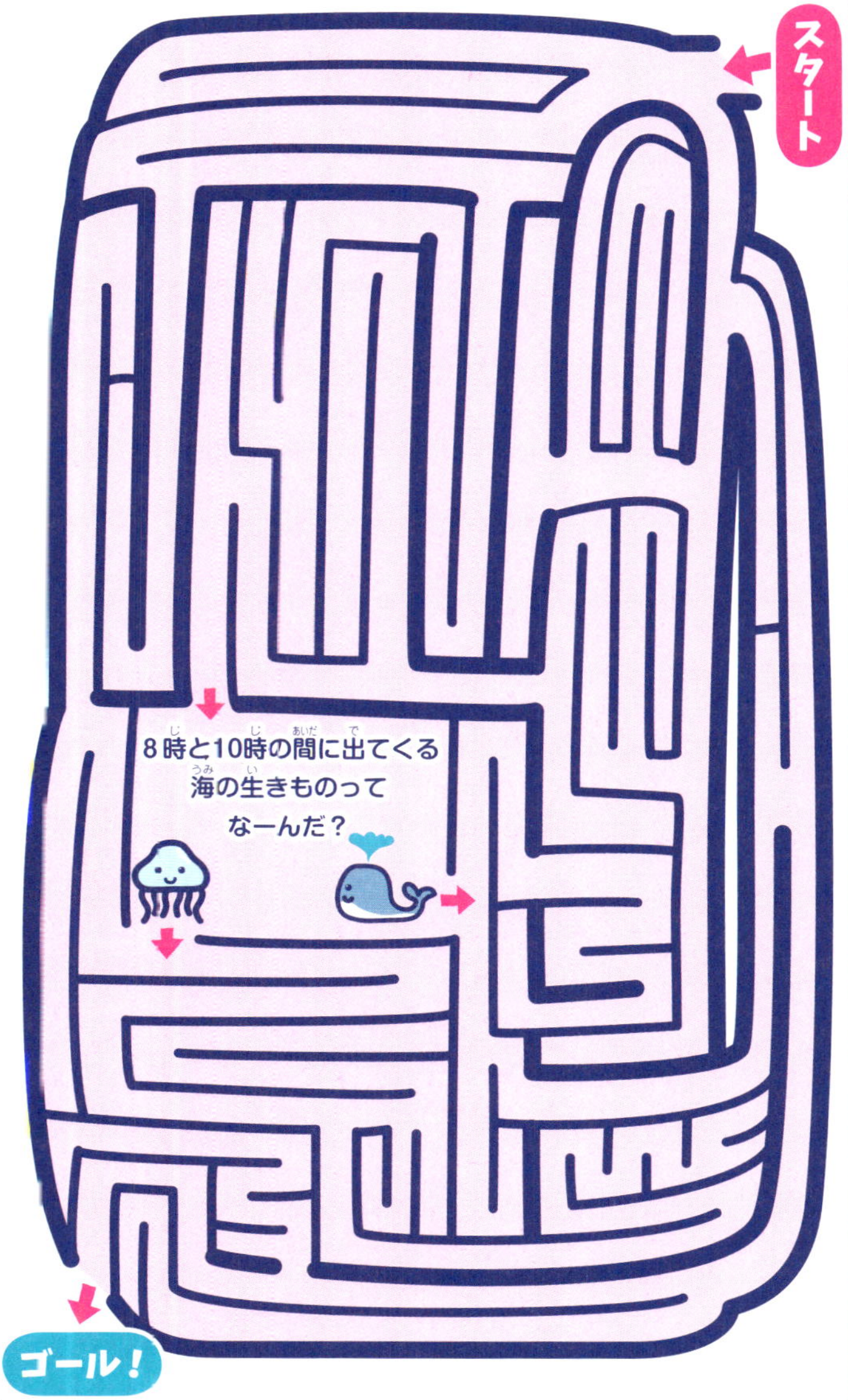
スタート
8時《じ》と10時《じ》の間《あいだ》に出《で》てくる
海《うみ》の生《い》きものって
なーんだ？
ゴール！

こたえは351ページへ

310ページのこたえ　1 おばけ　2 は（歯《は》かせ）　3 おこづかい

329日目《にちめ》

ひらめき

1

レンジに
しっぽが生《は》えると
どんなくだものに
なるかな?

2

きんはきんでも
はじめはきれいで
だんだんよごれてくる
きんってなーんだ?

330日目《にちめ》

やわらか

ひっかけなぞなぞだよ。

1

りくの上《うえ》には
そらがあるけど、
そらの上《うえ》には
なにがあるかな?

2

1日《にち》に2回《かい》だけ
正《ただ》しい時間《じかん》をさすのは
どんな時計《とけい》かな?

311ページのこたえ　1 タヌキ(尾《お》も白《しろ》くない)　2 おすし(酢《す》入《い》り = すいり)

331日目《にちめ》

すいり

上《うえ》のことばはどっちのグループに入《はい》るかな？

1 力《ちから》

A	B
頭《あたま》	しり
花《はな》	草《くさ》
ガラス	かがみ

2 しゅっせき

A	B
写真《しゃしん》	ケータイ
年《とし》	月《つき》
金《きん》メダル	しょうじょう

332 日目《にちめ》

ひらめき

1

しまの中《なか》に6ぴきいるどうぶつってなーんだ？

2

おすが大《だい》すきな草《くさ》ってなーんだ？

3

けんはけんでもなにももたずにかた手《て》でしょうぶするけんってなーんだ？

313ページのこたえ

1 オレンジ　2 ぞうきん

1 シ（ドレミファソラシド）　2 止《と》まった時計《とけい》

333日目《にちめ》

やわらか

1

頭《あたま》を回《まわ》すと体《からだ》がかくれ、はんたいに回《まわ》すと体《からだ》が出《で》てくるものってなーんだ？

2

みその中《なか》から聞《き》こえてくる音《おと》ってなーんだ？

314ページのこたえ　1 B（Bは、おわりに「もち」がつけられる。しりもち、草《くさ》もち、かがみもち、力《ちから》もち）　2 A（Aは、とるもの）

334日目《にちめ》

ひらめき

1

めんきょのない
あかちゃんでも
ひとりでのれる
車《くるま》ってなーんだ？

2

ふくはふくでも
大《おお》きくて食《た》べられる
ふくって
なーんだ？

335日目《にちめ》

やわらか

1

こおってしまうくらい
おなかを
ひやしているこって
どんなこかな？

2

空《そら》はとべないけど、
空《そら》からふってくる
ことができる
どうぶつって
なーんだ？

315ページのこたえ　1 シロクマ（し6ま）　2 ススキ（す、すき）　3 じゃんけん

336日目《にちめ》

すいり

えときなぞなぞだよ。

1

この飲《の》みものって なーんだ？

2

なんのちょうみりょうを 足《た》しているのかな？

337日目《にちめ》

ひらめき

1

水《みず》の中《なか》に
手《て》を入《い》れたのに
やけたよ。
なんでかな？

2

アリのパパとママ、
正直《しょうじき》なのは
どっちかな？

338日目《にちめ》

やわらか

1

近《ちか》づくと
かってにはなれて、
遠《とお》ざかると
かってにくっつく
ものってなーんだ？

2

海《うみ》の中《なか》におちたのに
きえない
ひってなーんだ？

317ページのこたえ
1 ベビーカー　2 大ふく
1 れいとうこ　2 ヒョウ

339日目《にちめ》

ひらめき

1

ねこのこけしを
つくったら
なにがのこったかな？

2

あたらしいカンを
1000こならべたら
へんしんしたよ。
これってなーんだ？

3

チョウはチョウでも
みんなの前《まえ》に立《た》つと
ふるえてしまう
チョウってなーんだ？

ミニステージ

319ページのこたえ
1ふやけたから　2ママ（ありのまま）
1じどうドア　2夕日《ゆうひ》

341 日目《にちめ》
ひらめき

1

2ひきのこん虫《ちゅう》から
できている
鳥《とり》ってなーんだ?

2

ぼうはぼうでも
すぐにおこる人《ひと》が
もっている
ぼうってなーんだ?

342日目《にちめ》

すいり

1

夏《なつ》、ひと、昼《ひる》、サルの中《なか》で1つだけちがうものってどーれだ?

2

火星《かせい》、水星《すいせい》、地《ち》きゅう。この中《なか》で、しょうぼうしょでいちばん人《にん》気《き》の星《ほし》ってどーれだ?

343日目《にちめ》

ひらめき

1

つりはつりでも女《おんな》の子《こ》が楽《たの》しめるつりってなーんだ?

2

とてもかしこそうながっきってなーんだ?

344日目《にちめ》

ひらめき

1

おにに
くっつくともらえる
ごちそうって
なーんだ?

2

カイはカイでも
走《はし》ったり投《な》げたりして
きそっている
カイって なーんだ?

322ページのこたえ　1 ガチョウ（ガとチョウ）　2 おこりんぼう

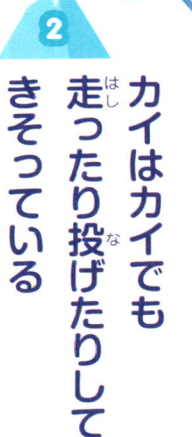

345日目《にちめ》

やわらか

1 おたまじゃくしが紙《かみ》の上《うえ》にならんでつくったものってなーんだ？

2 かぜじゃないのにいつもはなをたらしているどうぶつってなーんだ？

3 いっしゅん目《め》をつぶるとみえるたきってなーんだ？

323ページのこたえ
1 サル（ほかは「休《やす》み」をつけられる） 2 地《ち》きゅう（119 ＝いちいちきゅう） 1 ひなまつり 2 リコーダー（りこうだ）

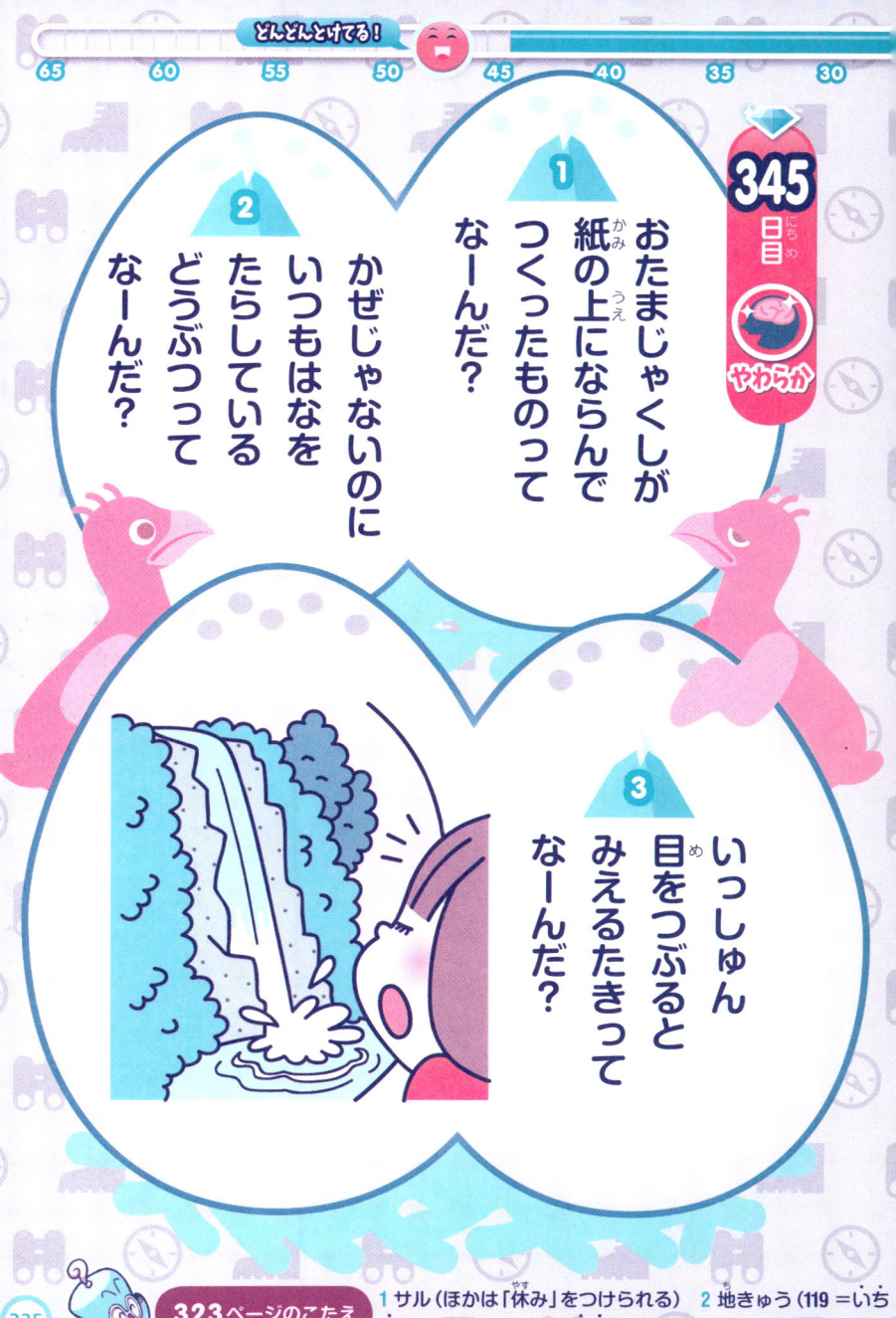

346
日目《にちめ》
ひらめき

1
みんなにひつようとされていないくだものってなーんだ？

2
カエルとトカゲ、ひなたにいるのはどっちかな？

3
パンはパンでもしあいのときにひつようなパンってなーんだ？

324ページのこたえ　1 お肉《にく》（おににに「く」がつく）　2 うんどう会《かい》

347日目《にちめ》

チャレンジ

1

トンボ、インコ、チョウの中《なか》でパンになれないものってなーんだ？

さあ ちょうせんだ！

2

十《じゅう》が2つとお日《ひ》さまとお月《つき》さまが出会《であ》ったらなにになるかな？

325ページのこたえ　1 曲《きょく》（おたまじゃくし＝音符《おんぷ》）　2 ゾウ　3 まばたき

348日目《にちめ》

ひらめき

1

みつけたハガキは
なにをしていたかな?

2

きんはきんでも
もらいたくない
きんって
なーんだ?

326ページのこたえ
1 ヨウナシ（用《よう》なし）　2 トカゲ（カゲがあるから）
3 しんぱん

349日目《にちめ》 やわらか

1

わるとつかえるけど、おるとつかえなくなるものってなーんだ？

2

だれでもすわれるのにわたしだけすわれないのはどーこだ？

350日目《にちめ》 ひらめき

1

きはきでも2月《がつ》3日《か》にだけあらわれるきってなーんだ？

2

きるとかえってさむくなってしまうものってなーんだ？

327ページのこたえ
1 インコ（トンボ、チョウは虫《むし》→むしパン）
2 朝《あさ》（十《じゅう》＋日《ひ》＋十《じゅう》＋月《つき》）

351 日目《にちめ》
すいり

上《うえ》のことばはどっちのグループに入《はい》るかな？

1 ブランコ

A	B
じてんしゃ	じどうしゃ
ボート	ヘリコプター

2 ひふ

A	B
うえ	した
カキ	ナシ
メモ	ペン
あい	こい

328ページのこたえ　1 はみがき（ハガキに「み」をつける）　2 バイキン

352日目《にちめ》

すいり

みつけよう

同《おな》じおりょうりを1組《くみ》みつけてね。

こたえは351ページへ

329ページのこたえ

1 わりばし　2 わたしのひざ

1 まめまき　2 だんぼう（スイッチを切《き》る）

353日目《にちめ》

ひらめき

1

せなかをかいてと
いわれたので
かいたのに
おこられたよ。
なんでかな？

2

たいこの中《なか》に
海《うみ》の生《い》きものが2ひき
入《はい》っていたよ。
さてなーんだ？

3

けんはけんでも
ボールをさしたり
まわしたりする
けんってなーんだ？

330ページのこたえ

1 A（Aは、こぐもの）
2 A（Aは、五十音《ごじゅうおん》のつづきの音《おん》でできていることば）

354日目《にちめ》

やわらか

ひっかけなぞなぞだよ。

1
としのりくんとたかとしくん、どちらが年上《としうえ》かな？

2
車《くるま》と同《おな》じスピードで走《はし》れるカラスってなーんだ？

355日目《にちめ》

ひらめき

1
おばあさんがつくのはつえ。でたらめばかりいう人がつくのはなーんだ？

2
カンはカンでも本《ほん》がいっぱい入《はい》っているカンってなーんだ？

356日目《にちめ》

すいり

えときなぞなぞだよ。

1

この小学生《しょうがくせい》は何年生《なんねんせい》かな？

2

このかんばんはまちがいなんだって。本当《ほんとう》はなんて書《か》いてあるのかな？

357日目《にちめ》

ひらめき

1

おすが10こならぶと
おいしい
飲《の》みものになるよ。
さてなーんだ？

2

クリはクリでも
ハチにさされた
クリって
なーんだ？

358日目《にちめ》

やわらか

1

かった人《ひと》は
わらわなくて、
まけた人《ひと》は
わらうものって
なーんだ？

2

火《ひ》のあるところに
やってくるぼうしって
なーんだ？

333ページのこたえ 1 としのりくん（としが上《うえ》にある＝年上《としうえ》だから） 2 車《くるま》のまどガラス 1 うそ 2 としょかん

359日目《にちめ》
ひらめき

1

頭《あたま》にはをのせると
しゃべりだしちゃう
やさいって
なーんだ？

2

花《はな》の中《なか》に
家《いえ》を入《い》れると
出《で》てくるどうぶつって
なーんだ？

3

イヌがはなを
クンクンする店《みせ》は
なにやさんかな？

360日目《にちめ》

やわらか

ひっかけなぞなぞだよ。

1

どろぼう、おばけ、くさったたまご、この中《なか》できみがわるいものってどーれだ？

2

5本《ほん》のローソクに火《ひ》をつけて、3本《ぼん》けしたら何本《なんぼん》のこるかな？

335ページのこたえ
1 ジュース（10 す） 2 ちくり
1 にらめっこ 2 しょうぼうし

361日目《にちめ》

ひらめき

1

せきはせきでも
ふしぎなことがおこる
せきってなーんだ?

2

カモメは
もっているけれど、
カモはもっていない
おかしってなーんだ?

336ページのこたえ　1 ナス（はなす）　2 ハイエナ　3 かぐや

362日目《にちめ》

やわらか

1

だれにでもやってくる明《あか》るい日《ひ》ってなーんだ？

2

お日《ひ》さまから生《う》まれるものってなーんだ？

337ページのこたえ　1 ぜんぶ　2 3本《ぼん》(火《ひ》のついた2本《ほん》はもえてなくなるから)

363日目《にちめ》
ひらめき

1
エビが
えがおになったら
へんしんしたよ。
なににになったかな？

2
みそはみそでも
なぞなぞのこたえを
考《かんが》えたりする
みそってなーんだ？

3
子《こ》どもとおかあさんが
ねているよ。
すみでねているのは
どっちかな？

338ページのこたえ　1 きせき　2 モナカ（「も」が中）

364日目《にちめ》

やわらか

1

夏《なつ》はつめたいぼう、冬《ふゆ》はあたたかいぼうになるものってなーんだ?

2

かべからは入《はい》れないけど、しっかりしめたまどからは入《はい》れるものってなーんだ?

339ページのこたえ　1 明日《あした》　2 星《ほし》(日《ひ》+生《せい》→星《ほし》)

うわぁ…！
ふたりともさいごまでよくがんばったねぇ！
まだ早《はや》いよリドル！
さいごのアイテムゲットしなきゃ！
そうだったぁ
一《いち》＋一《いち》は二《に》じゃなくて、えらい人《ひと》になるんだって！どんな人《ひと》かな？
これってかん字《じ》のなぞなぞっぽいね
お、するどい！
せーの
王《おう》！
ピンポーン！
王《おう》のカードをゲット！
王
わかった！アイテムはおしろだね！
あったり〜!!
アイテム
おしろ

341ページのこたえ 1 エアコン（れいぼう、だんぼう） 2 光《ひかり》

366日目《にちめ》
ひらめき
よかったね リドル!
ありがとう!!
さいごの なぞなぞだよ!
あれ??
まだあるの?
まくらっ?
オリの中《なか》に わを入《い》れると どうなるかな?
わかった! 「おわり」だ!
ピピピピピピ…
ひろと! ゆい! 起《お》きなさ〜い
ええ?
ピピピピピピピピ…
おかあさん?!
はっ!!
え〜〜? ゆめだったの!?
ん〜… なんだか べんきょう したくなってきた!
あっ!!
頭《あたま》がさえて なんだかきのうより できるように なってる!
わたしも!
キリッ!
ふたりとも もう だいじょうぶだね! これからも がんばってね!
おしまい!

366日

たっせいおめでとう！

おまけ なぞなぞ国《こく》の地《ち》図《ず》ぬりえだよ！

おたのしみもんだいの こたえあわせ

16・17ページ えさがしのこたえ

74ページ えしりとりのこたえ

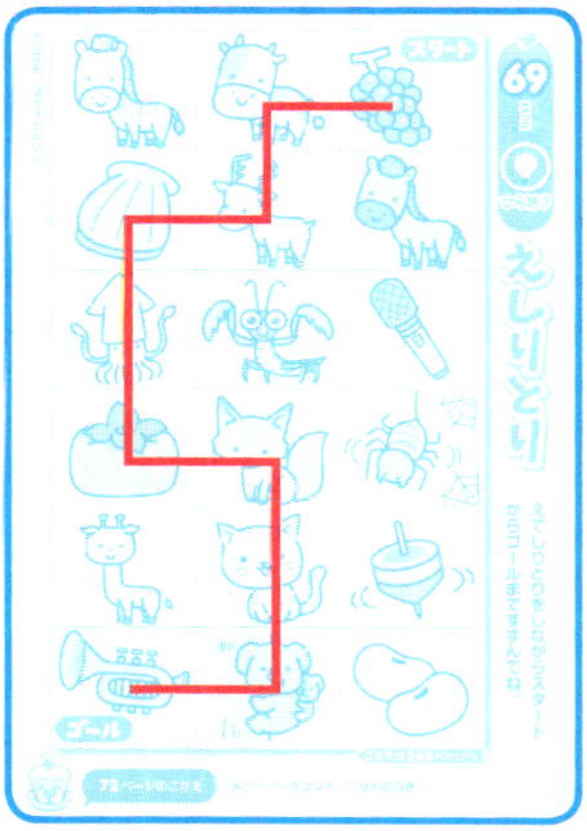

31ページ まちがいさがしのこたえ

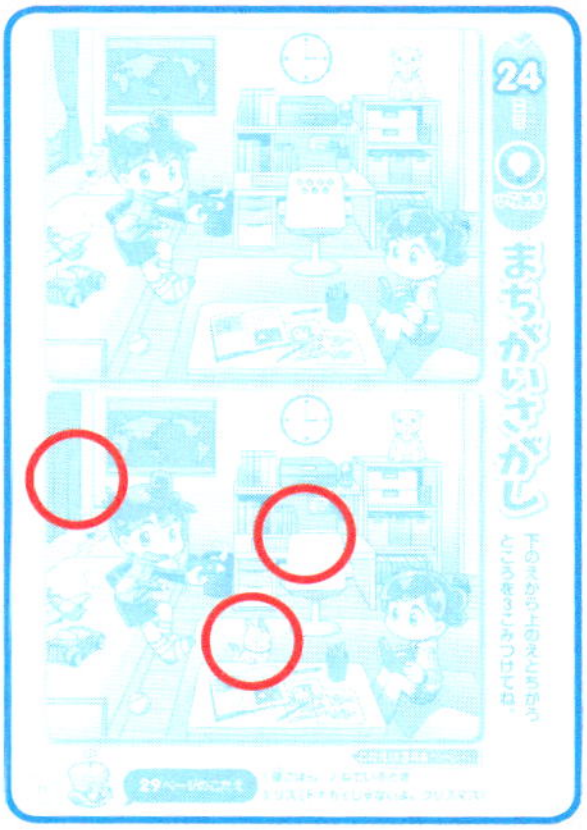

しりとりのこたえ ブドウ→ウシ→シカ→カイ→イカ→カキ→キツネ→ネコ→コアラ→ラッパ

58・59ページ めいろのこたえ

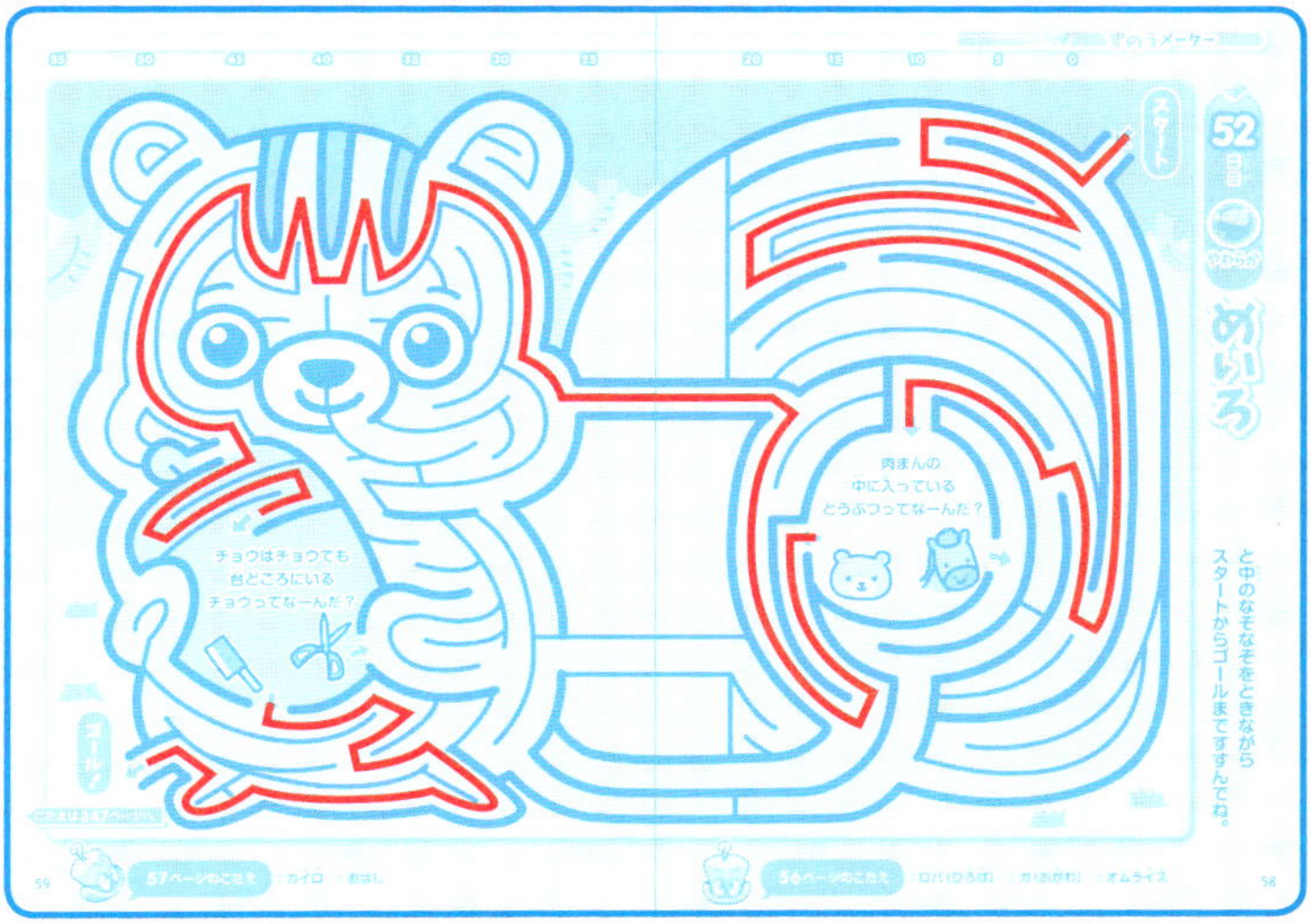

なぞなぞのこたえ クマ（にくまん） ほうちょう

121ページ めいろのこたえ

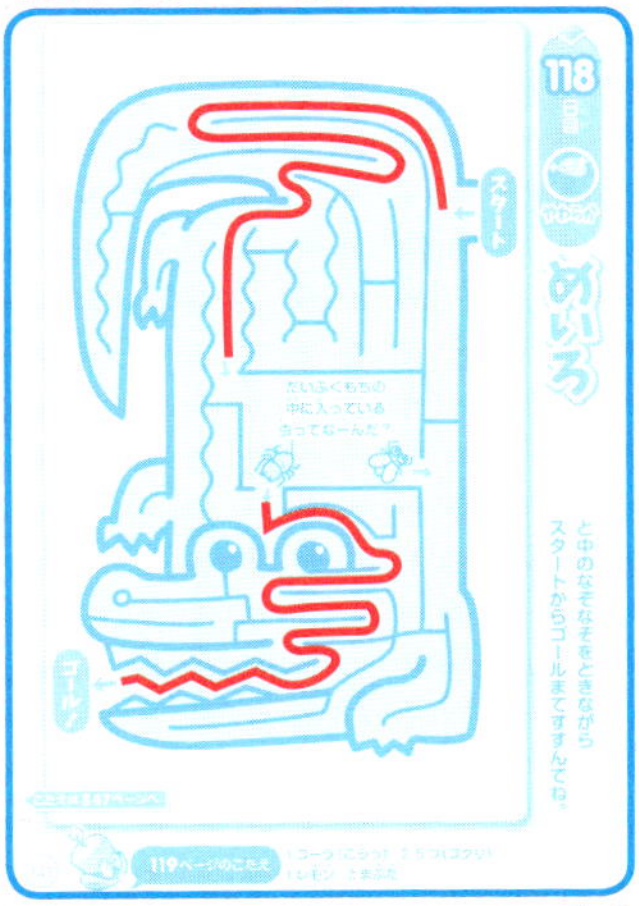

なぞなぞのこたえ クモ（だいふくもち）

89ページ えさがしのこたえ

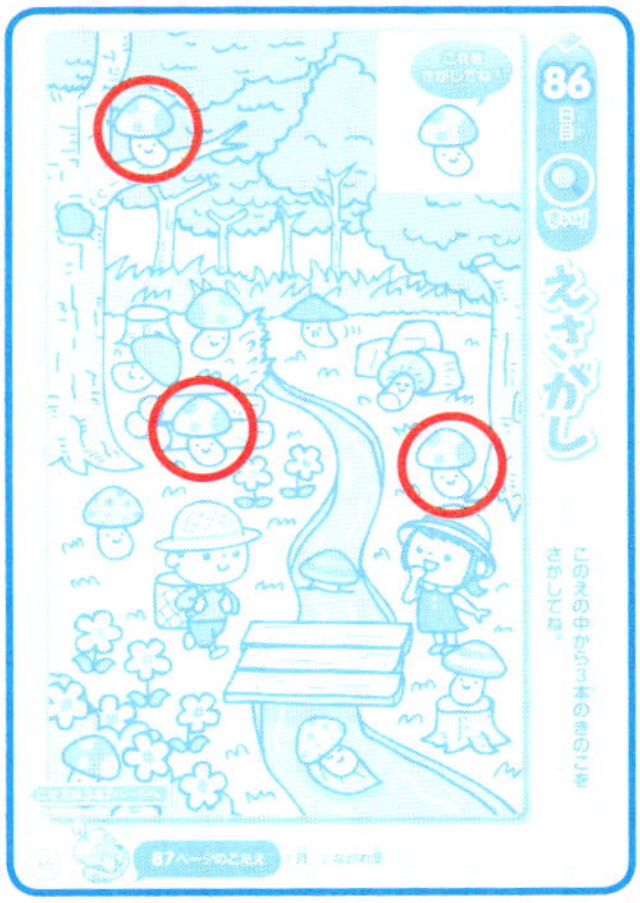

106・107ページ まちがいさがしのこたえ

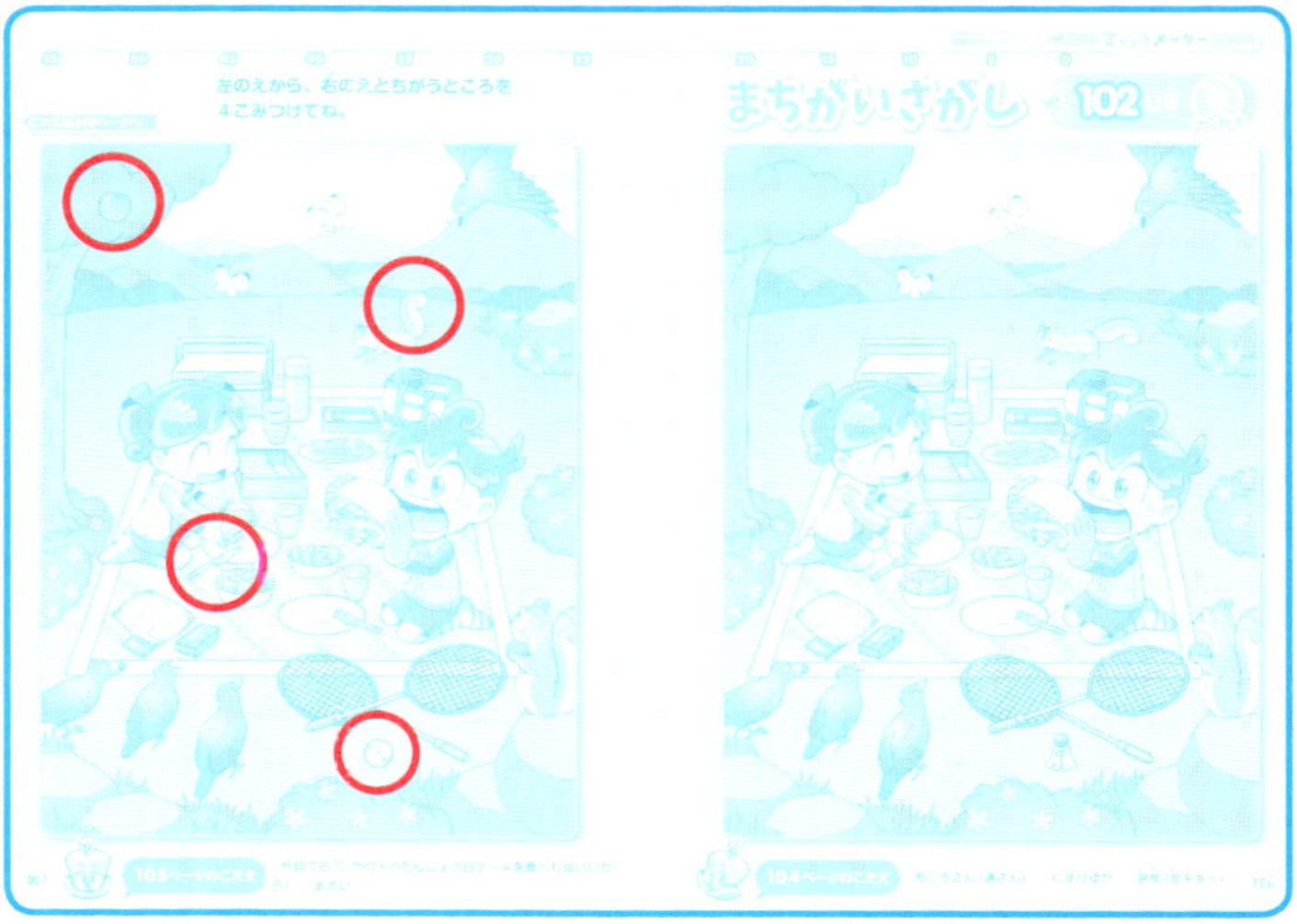

168ページ まちがいさがしのこたえ

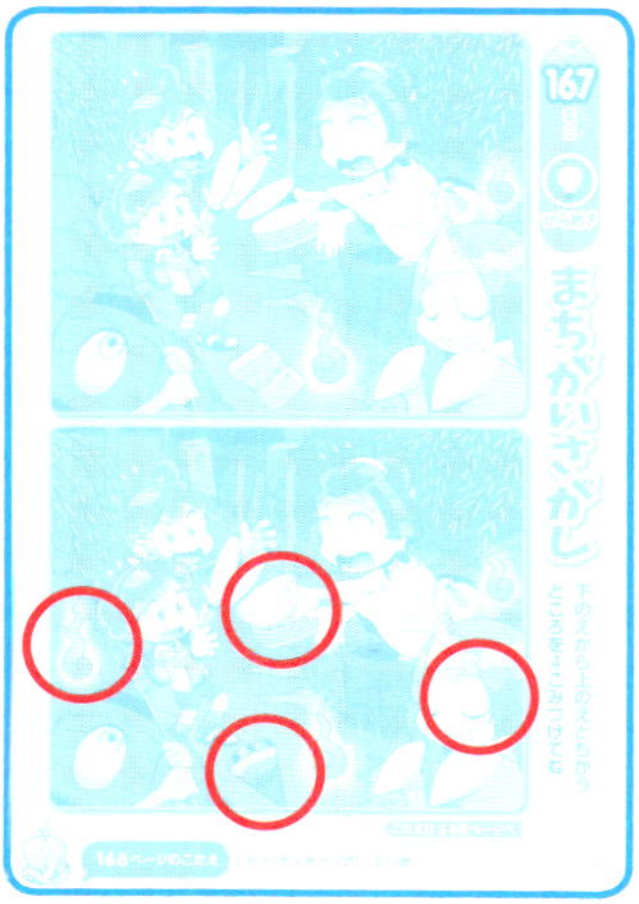

136ページ みつけようのこたえ

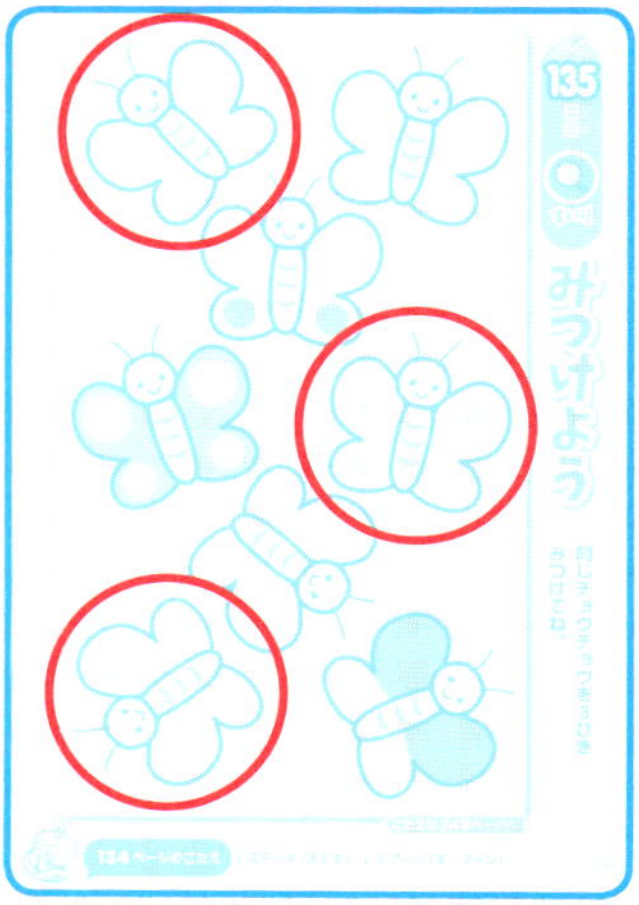

154・155ページ えさがしのこたえ

202ページ えしりとりのこたえ

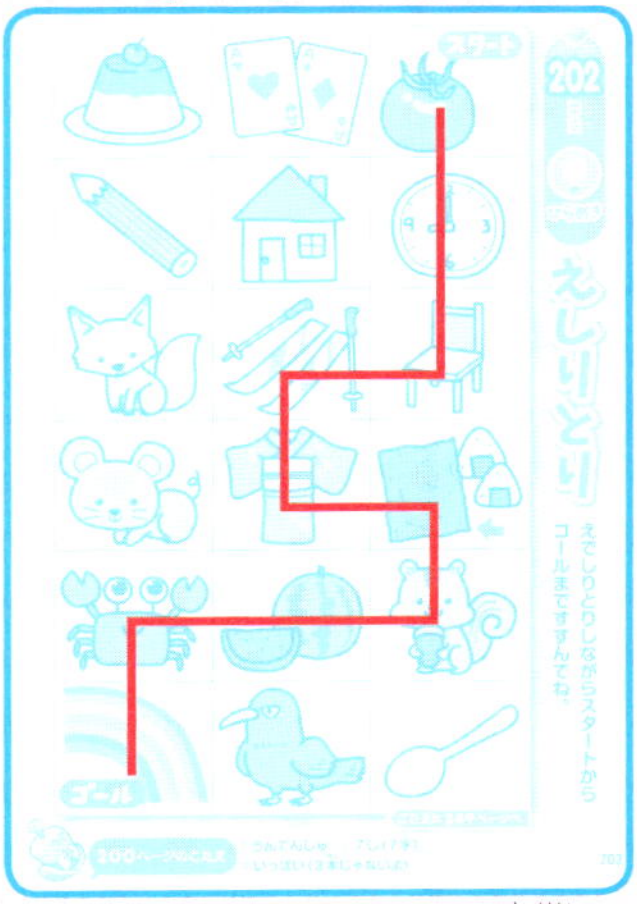

しりとりのこたえ トマト→時計《とけい》→いす→スキー→きもの→のり→リス→スイカ→カニ→にじ

184ページ めいろのこたえ

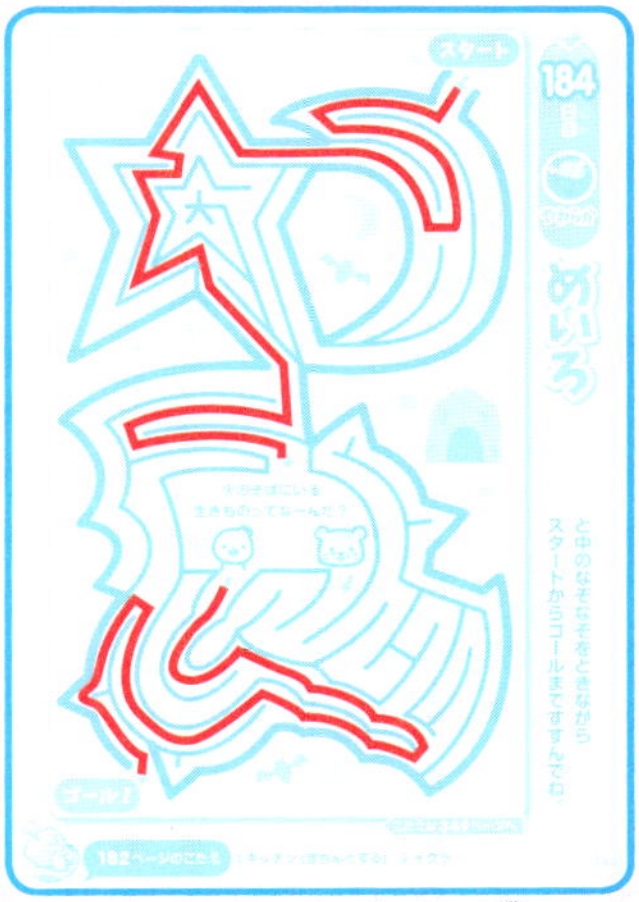

なぞなぞのこたえ ヒヨコ(火《ひ》よこ)

230ページ

まちがいさがしのこたえ

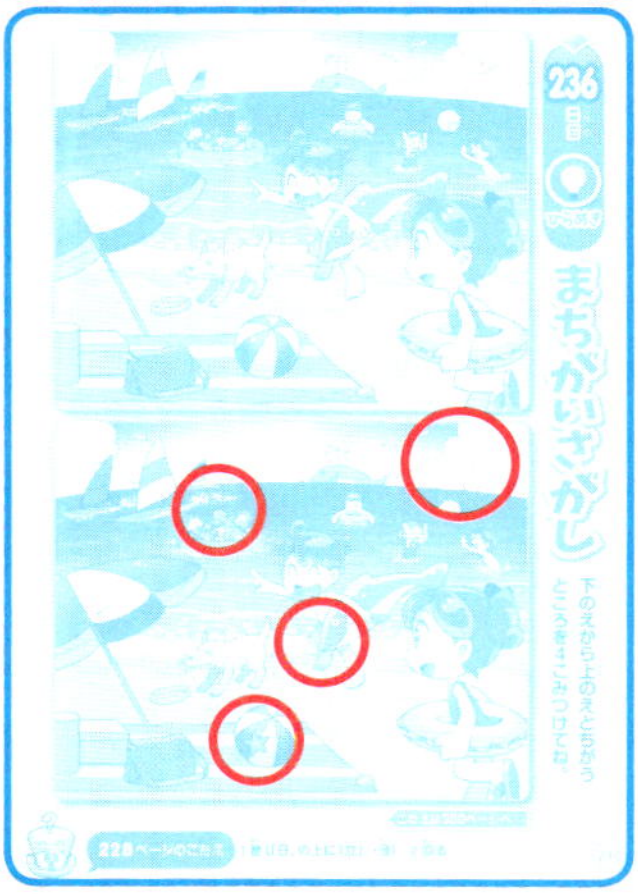

215ページ

えさがしのこたえ

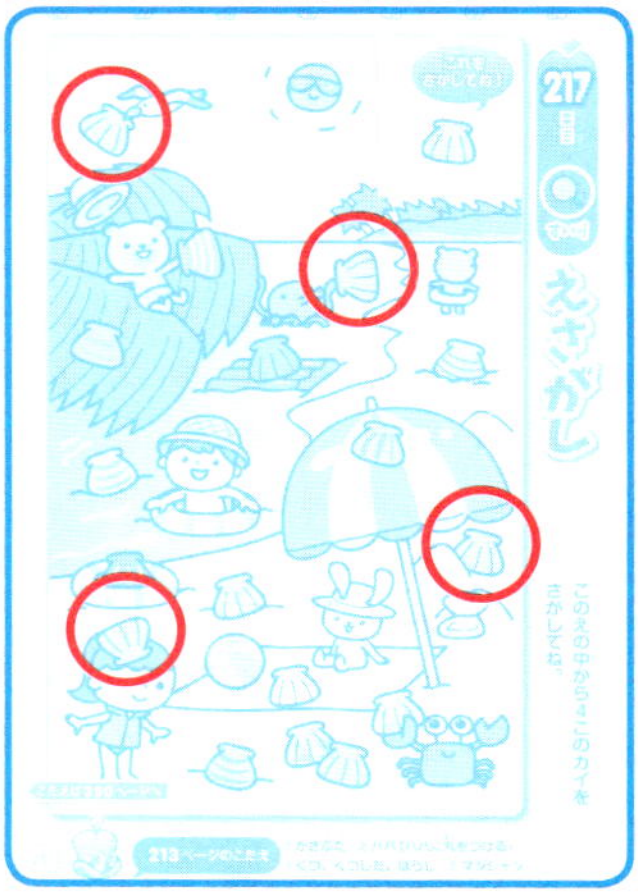

264ページ

みつけようのこたえ

250ページ

めいろのこたえ

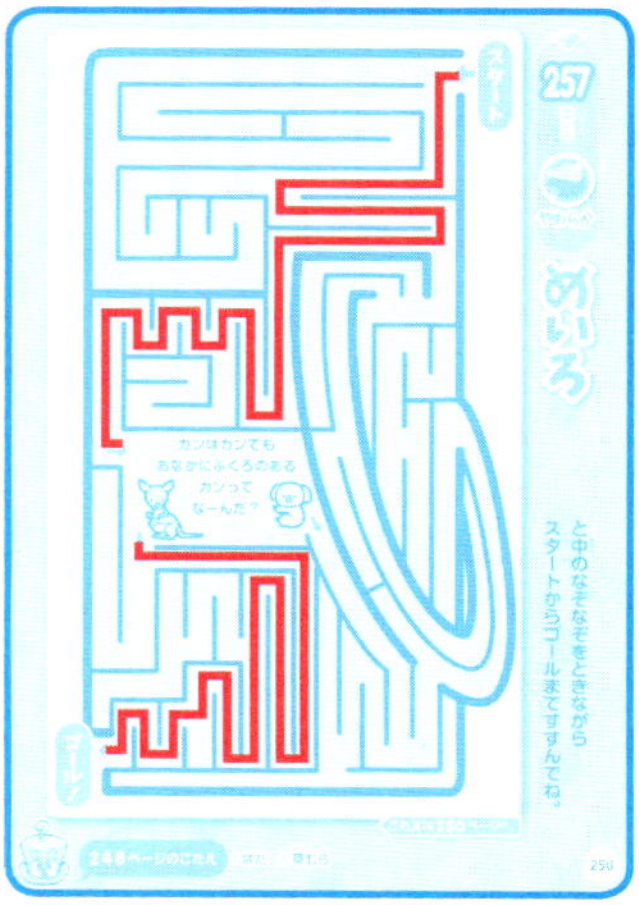

なぞなぞのこたえ　カンガルー

まちがいさがしのこたえ

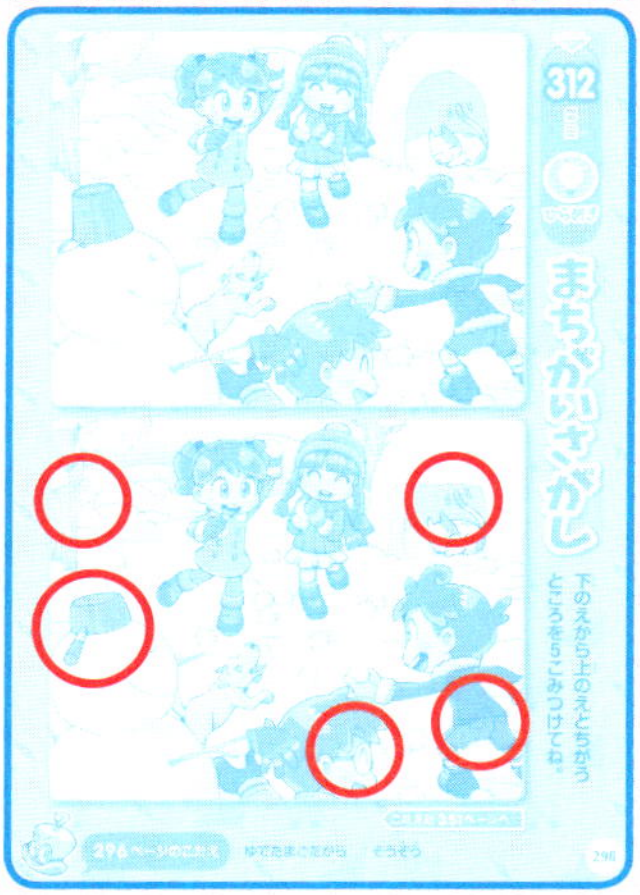

えさがしのこたえ

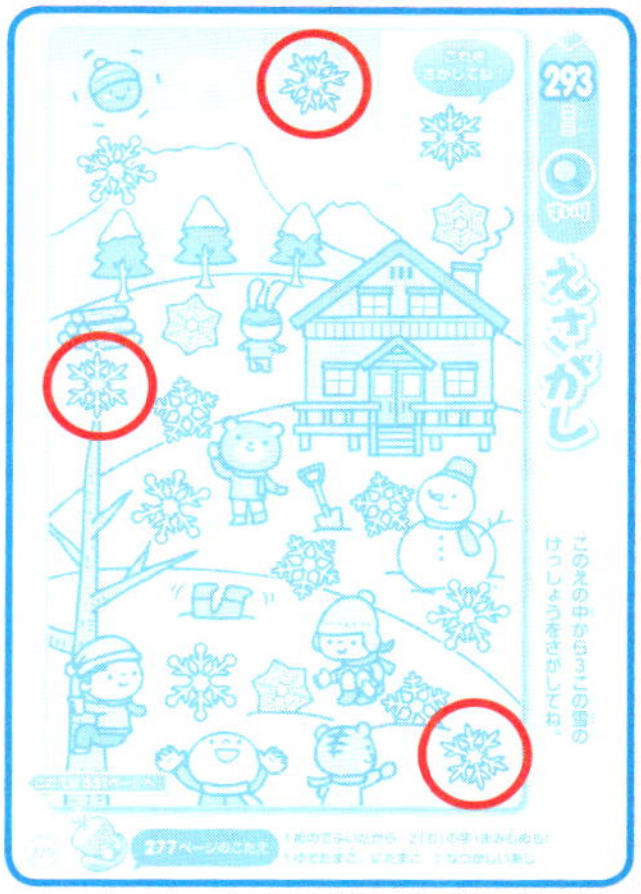

みつけようのこたえ

めいろのこたえ

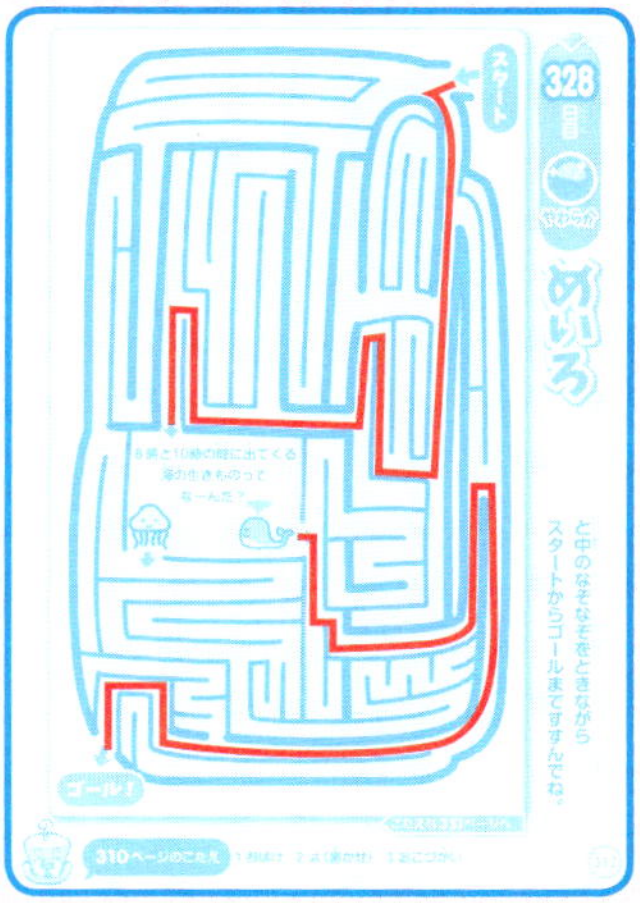

なぞなぞのこたえ　クジラ（9時《じ》ら！）

監修者 **篠原菊紀**（しのはら きくのり）

東京大学大学院修了。諏訪東京理科大教授。

「学習」「運動」「遊び」など日常的な脳活動を調べている。

NHK「あさイチ」「歌の日曜散歩」「夏休み子ども科学電話相談」「国民アンケートクイズリアル日本人」、フジテレビ「とくダネ！脳活ジョニー」、「今夜はナゾトレ」、BSフジ「脳ベルSHOW」、日テレ「頭脳王」、TBS「ゲンキの時間」などで脳の働きをわかりやすく解説している。著書・監修本に、『「すぐにやる脳」に変わる37の習慣 』（KADOKAWA）、『中高年のための脳トレーニング』（NHK出版）、『子どもが勉強好きになる子育て』（フォレスト出版）、『1日1分でもの忘れ予防 毎日脳トレ！漢字ドリル366日』『1日3分でもの忘れ予防 毎日脳トレ！計算ドリル366日』『1日5分でもの忘れ予防 毎日脳トレ！脳活パズル366日』（以上、西東社）など多数あり。

イラスト	宮村奈穂、森のくじら、稲葉貴洋、河南好美、 すどうまさゆき
デザイン	村口敬太　舟久保さやか　ジョンジェイン （スタジオダンク）
編集協力	篠原明子、高島直子

あたまがよくなる！ 寝《ね》る前《まえ》なぞなぞ366日《にち》

2017年11月10日発行　第1版
2021年 7 月20日発行　第1版　第15刷

監修者	篠原菊紀
発行者	若松和紀
発行所	株式会社 西東社 〒113-0034　東京都文京区湯島2-3-13 https://www.seitosha.co.jp/ 電話　03-5800-3120（代）

※本書に記載のない内容のご質問や著者等の連絡先につきましては、お答えできかねます。

ISBN 978-4-7916-2628-1